AF189779

Das dunkle Geheimnis einer Walliser Muslima

Mein Dschihad im konservativen Rhonetal

Rita Kuonen

1

Rita Kuonen, geboren 1977

Wichtiger Hinweis: Alle Inhalte ohne Gewähr.
Umwelthinweis: Dieses Buch wurde auf säure-, holz- und
chlorfreiem Papier PEFC (Program for the Endorsement of
Forest Certification Schemes) gedruckt.

Coverbild: www.pixelio.de
Fotoquellen: Norbert Burgener; Yannick Andrea; pixelio.de
Gemeinde Leuk-Stadt; Gemeinde Walzenhausen

Textquellen: Ahmadiyya-Gemeinde; wikipedia; ZENIT

Bildgestaltung: www.qualityweb.ch

Copyright 2014 by: Rita Kuonen
Herstellung und Verlag: BOD Books on Demand - Norderstedt
ISBN 978-3-7448-1818-6

Verzeichnis

In einem kleinen Bergdorf im Kanton Wallis wuchs ich bei einer streng katholischen Familie auf. Mein Vater brauchte Gott als Machtinstrument seiner Erziehung, weshalb er oft zu Passagen aus dem Alten Testament griff. Der barmherzige, vergebende Gott aus dem Neuen Testament, von dem bekam ich erst in der Schulzeit zu hören. Ich wurde psychisch misshandelt, geschlagen und von meinen Brüder observiert.
Eine meiner besten Schulfreundinnen war Muslimin, weshalb ich mit meinen Eltern oft in heftige Konflikte geriet.
Dieser Gott, der eh immer auf der Seite meines Vaters war, lehnte ich nach und nach ab.
So bat ich eines Tages meine beste Freundin, mir Näheres über den Islam zu erzählen und konvertierte einige Zeit später heimlich zum Islam. Versteckt übte ich den Glauben aus und augenblicklich begann mein Dschihad im konservativen Rhonetal.

Dieses Buch befasst sich mit den historischen und politischen sowie persönlichen Hintergründen beider Religionen. Die Leser sollen Einblick erhalten, aus welchen Gründen ich zum Islam übergetreten bin, ferner welche gesundheitlichen Spuren, diese strengen Glaubensdogmen meiner Eltern, bei mir hinterlassen haben.

Machtinstrument Gott

In einem kleinen Bergdorf im Kanton Wallis wuchs ich bei einer streng katholischen Familie auf. Mein Vater brauchte Gott als Machtinstrument seiner Erziehung, weshalb er oft zu Passagen aus dem Alten Testament griff. Der barmherzige, vergebende Gott aus dem Neuen Testament, von dem bekam ich erst in der Schulzeit zu hören. Wir mussten jeden Sonntag und alle Feiertage die Messe besuchen. Das tägliche Tischgebet durfte keinesfalls fehlen und vor dem zu Bett gehen, wurde noch ein Abendgebet gesprochen.

Am Tisch galt das Wort unserem Vater, der nichts anderes als der Glaube oder die Politik zu berichten wusste. Falls jemand anderer mal etwas zu erzählen hatte, bekam man folgenden Satz zu hören: „Halt dein Mund, sei endlich still und lass die Erwachsenen reden." Wir Kinder waren zum Schweigen verpflichtet.

Mein Vater war ein guter Geschichtenerzähler, dem man sehr gerne zuhörte. Manche seiner Geschichten aus dem Alten Testaments erschreckten mich dermaßen, weil das Handeln der Menschen darin grausam ist und schlimmer noch, dergleichen erschien mir das Handeln Gottes überaus bestialisch. ‚Können Menschen so barbarisch sein?' Gott wird geschildert als ein Gott mit Gefühlen, als einer, der über unser Verhalten manchmal zornig wird, dass er die Schuldigen mit dem Tode bestraft. In Angst und Erschrecken versetzte mich die Geschichte von Sodom und Gomorrha: „Abraham", sprach Gott zu ihm, „Du sollst der Vater eines großen Volkes werden. Deshalb will ich Dir auch erzählen, was geschehen wird." Abraham hörte gut zu. „Die Menschen von Sodom und von Gomorrha sind sehr böse. Ständig sündigen sie und hören nicht auf mich. Ich werde prüfen, ob sie wirklich so sind und dann muss ich sie richten."

Foto: Norbert Burgener - Meinem Heimatdorf Guttet

Abraham erschrak. Er dachte sofort an Lot. Lot lebte doch auch in Sodom. Deshalb betete Abraham zu Gott: „Herr, du bist doch gerecht, du wirst doch nicht den Gerechten mit den Gottlosen zusammen richten. Vielleicht gibt es ja in Sodom 50 gerechte Menschen, die dir gehorchen. Dann kannst du doch nicht die ganze Stadt deshalb vernichten." Gott ist ein gerechter Richter. Deshalb sagte er auch zu Abraham: „Wenn in der Stadt 50 gerechte Menschen leben, dann werde ich die Stadt verschonen und sie nicht vernichten." Abraham war froh, aber sofort sprach er weiter zu Gott: „Aber, wenn es nur 10 sind?" – „Auch bei 10 Gerechten werde ich alle verschonen." Immer wieder hatte Abraham nachgefragt. Jetzt war er bei 10 gerechten Menschen in der Stadt Sodom angekommen. Und Gott versprach: „Wenn es in Sodom 10 Menschen gibt, die auf mich hören, dann wird der Stadt nichts geschehen." Abraham war zufrieden. Er dachte an Lot und seine Familie. Sie waren gerecht und glaubten an Gott, dass wusste er. Und Abraham wusste, dass Gott ein gerechter Richter ist. Abraham kehrte zurück zu seinen Zelten.

Am Abend kamen die zwei Engel Gottes nach Sodom. Lot saß am Eingang der Stadt und sah sie. Sofort stand er auf und begrüßte sie herzlich. „Wollt ihr diese Nacht bei mir übernachten?" fragte er die Fremden. „Morgen könnt ihr dann weitergehen." „Nein danke, wir können doch auch hier draußen übernachten", erklärten die beiden Männer. Aber Lot überredete sie, dass sie schließlich doch mitkamen. Er nahm sie mit in sein Haus und bereitete ein gutes Abendessen vor. Lot war gerecht und deshalb war er auch freundlich zu den Gästen. Aber die anderen Menschen in Sodom waren nicht gerecht. Sie waren böse. Als sie hörten, dass die zwei Männer als Gäste bei Lot sind, umringten sie Lots Haus. „Lot", schrien die Männer von Sodom „wo sind die Fremden? Warum hast du sie mit ins Haus genommen. Bring sie raus. Wir wollen sie überfallen." Lot erschrak. Und ehe Lot etwas tun konnte, kamen die Männer schon auf ihn zu gerannt. „Jetzt werden sie mich umbringen", dachte Lot. Aber stattdessen spürte er eine Hand, die ihn wegzog. Seine Gäste hatten leise die Tür geöffnet und zogen Lot schnell ins Haus. Die Gäste von Lot waren Engel Gottes und sie machten, dass die Männer nichts mehr sehen konnten. Das Urteil über die Stadt Sodom war klar. Gott musste sie richten, denn Gott ist ein gerechter Richter, der Sünde bestrafen muss. Aber weil Gott gerecht ist, wollte er Lot beschützen. „Lot, fliehe mit deiner ganzen Familie von hier!", sagten die Engel zu Lot. „Gott wird die Stadt vernichten. Nimm alle mit, die zu dir gehören, damit du gerettet wirst." Lot packte die nötigsten Dinge zusammen. Schließlich nahmen sie Lot, seine Frau und seine beiden Töchter an die Hand und zogen sie aus der Stadt heraus. Vor der Stadt ließen die Engel sie los. „Lauft schnell, bleibt nicht stehen und schaut auch nicht zurück!" Lot und seine Familie beeilten sich. Sie waren froh, als sie in Zoar ankamen. Dann hörten sie auch schon, was hinter ihnen geschah. Feuer kam vom Himmel und Sodom und Gomorrha und das ganze Land darum verbrannte. Aber Lots Frau war immer langsamer geworden. Schließlich blieb sie stehen. Ihr Mann und ihre Töchter waren schon vor gelaufen. Dann drehte sie sich um und schaute zurück. Aber in dem Moment viel schon das Feuer vom Himmel. Die Städte verbrannten und Lots Frau wurde zu einer Salzsäule. Sie hatte keine Möglichkeit mehr, gerettet zu werden, denn sie hatte nicht auf Gott gehört. Lot und seine Töchter waren in Zoar sicher. Als Abraham am nächsten Morgen aufwachte, ging er sofort los. Er ging auf einen kleinen Berg, von dem aus er die Städte Sodom und Gomorrha sehen konnte. Aber er sah sie nicht mehr. Alles war voller Feuer und überall war Rauch zu sehen.

Dieses kleine Mädchen von damals hatte so unendlich Mitleid mit Lots Frau. ‚Wieso war Gott so böse, dass er diese Frau nur, weil sie einen Blick zurückwarf, zur Salzsäule erstarren ließ?'

Ich mochte diesen Gott nicht wirklich. Ich konnte keine ernsthafte Liebe zu ihm aufbauen. - Ein Gott, der einen solchen blinden Gehorsam fordert, war mir fremd. - Diese arme Frau war lediglich müde und neugierig. Sie vermisste ihre Stadt und Gott was so böse. Mein Vater untermauerte, dass wieder einmal die Frau diejenige war, die ungehorsam ist. Wie einst Eva im Paradies, ohne Erlaubnis den Apfel vom Baum pflückte. „Deshalb ist Gott ein Mann und erwählt den Mann als Anführer," meinte mein Vater.

Im blinden Gehorsam verrichtete ich die Gebete und den Gottesdienst aus Angst bestraft zu werden.

Werfe ich heute, mehr als 30 Jahre später, einen Blick auf diese Geschichte zurück, kann ich sie in einem anderen Blickwinkel betrachten und besser nachvollziehen. Weshalb diese Frau zur Salzsäule erstarrte, war nicht ihr ungehorsam. Eine Felsformation oder eine Gesteinsausblühung nahe Ĝebel Usdum südlich des Toten Meeres gibt wegen ihrer auffälligen Form einen Anlass für die Überlieferung von Lots Frau. Es soll eine Ortslegende sein. 1961 erschien in Deutschland das erste Buch des israelischen Satirikers Ephraim Kishon: „Drehen Sie sich um, Frau Lot!". Auf der Website des 2005 verstorbenen Schriftstellers finden wir folgendes Zitat: „Heute könnte sich Frau Lot getrost umwenden. Wo einst die sündigen Städte Sodom und Gomorrha standen, würde sie die neuen israelischen Pottasche-Werke erblicken, deren einzige Sünde darin besteht, dass sie mit Verlust arbeiten ..."

Dem wollte ich auf dem Grund gehen. Ich wollte wissenschaftliche Belege. Geologe Graham Harris berichtete, dass Sodom eine der größeren Städte am Ufer des Toten Meeres war, die durch ein Erdbeben und einen nachfolgenden Erdrutsch zerstört worden sein könnte. Das Ufer des Toten Meeres wird bei Beben sehr schnell brüchig und beginnt, ins Meer zu rutschen. Methanvorkommen unter der Erdoberfläche in dem Gebiet sorgen bei Beben für offene Feuer an vielen Bruchflächen, die man als den Feuersturm Gottes ansehen könnte. Zudem führten Erdbeben bereits oft zu Bränden als Folge der Zerstörung von Feuerstellen in den Siedlungen. Wegen der riesigen Teerklumpen, die oft an die Oberfläche schwammen, nannten die Römer ihn Asphaltsee. Alles deutet darauf hin, dass in diesem Gebiet einmal eine gewaltige Feuersbrunst gewütet hat. 1848 segelte eine Gruppe amerikanischer Forscher unter der Leitung von W. F. Lynch den Jordan hinunter und führte Unterwassergrabungen am Grund des Toten Meeres durch. Sie fanden jede Menge Asche, was auf einen vergangenen Großbrand schließen lässt. Der bekannte Archäologe und Wissenschaftler Prof. M. G. Kyle schreibt: „Überall verstreut im Gebiet des Toten Meeres stößt man auf Schwefelpartikel. Man findet sie vermischt mit dem Mergel der Berge an der Westküste."

Heute denke ich, wenn die Stadt einer Naturkatastrophe zum Opfer gefallen ist, muss die Salzsäule aus einem historischen Kontext betrachtet werden. Lots Frau wurde von der Sünde rehabilitiert.

Das war nicht die einzigartige prägende Geschichte, die mich einst in Angst und Schrecken versetzten. Ich dachte an die verheerende Sintflut und an die gefühllose Vernichtung der Ägypter bei den Zehn Gebote Mose. Verschiedene Szenen seiner Biografie gaben mir zu verstehen, welch ein Diktator und Richter dieser Gott wohl sein muss. Gott sagte den Israeliten, dass sie Lammblut an die Türpfosten streichen sollten. Dann würde der Todesengel vorbei gehen. Sie sollten ein Lamm schlachten, ungesäuertes Brot backen und bittere Kräuter essen. Die Israeliten bekamen nach der 10. Plage die Erlaubnis wegzuziehen und all ihr Vieh und ihre Besitztümer mitzunehmen. - Mit Zehn Plagen quälte Gott sein Volk, bevor sie ziehen durften und mussten vierzig Jahre in der Wüste umherirren, weil sie um ein goldenes Kalb tanzten. -

Das widersprach meinen Qualen, die ich in der Kindheit unter meinen Eltern erlitten habe, nicht. Demzufolge konnte ich mein Vater verstehen, wie er sich mit dem allzeit strafenden Gott identifizieren konnte.

Ich wurde die ganze Zeit über von meinen Eltern schikaniert. Konnte ihnen nichts recht machen. Das war für mich schwer zu ertragen. Ferner an Weihnachten war der einzige Tag im Jahr, an dem ich keine Bosheit verspürte. Es war der schönste Tag im Jahr, in dem wir friedlich am Tisch saßen und uns anschließend auf das Auspacken der Geschenke freuten. Unser Vater machte sich zum Brauch, den Weihnachtsbaum in aller Stille zu schmücken. Wir Kinder wartenden ungeduldig und gespannt auf den Abend. Erst nach dem ein paar Weihnachtslieder vor verschlossener Tür erklangen, durften wir endlich das Wohnzimmer betreten. Mein Herz schlug höher und ich freute mich jedes Jahr über das freudige Ereignis.

Dass ich bei meinen Eltern leben musste, war eigentlich nur eine Unterkunftsmöglichkeit für mich und ein Kind ist eben seinen Eltern nun mal ausgeliefert. Ich wäre ja sonst auf der Straße gelandet und sah keinen Ausweg. Entweder wurde ich permanent ignoriert oder mir wurden Vorhaltungen gemacht, was ich alles falsch mache. Ich wurde pausenlos angeschnauzt. Sie waren sich häufig der Tragweite ihrer Tat nicht bewusst. Sie lästerten ohne Ende, grenzten mich aus, beleidigten und drohten mich mit Schlägen.

Gleichwohl sah es in meiner Schule aus. Ich weiß, wie grausam und gemein Kinder und Jugendliche sein können. Die weitverbreitete Meinung, dass Schüler ernste Auseinandersetzungen unter sich ausmachen sollen, ist völliger Unsinn. Denn Opfer und Täter begegnen sich nicht auf Augenhöhe. Ich gehörte zu jenen, deren Schikanen mich bis ins Erwachsenenalter begleiteten. Die Mitschüler drangsalierten mich.

Ich bin der Meinung, dass Mobber einen fundamentalen Teil von sich verleugnen, und zwar jene Eigenschaften, auf die es im Leben ankommt. Erst durch Selbstreflexion wird es ihnen bewusst, wie viel Unheil, die Lust auf Mobbing für den Täter nach sich ziehen kann. Haben Täter Glück wird ihnen erst im Erwachsenenalter bewusst, dass sich der „kurze Egotrip", den ein Mobbingrausch mit sich bringt, sich nicht lohnt.

Bereits am ersten Schultag begann mein Albtraum mit einem kleinen Scherz. Eine Mitschülerin drehte mein Namensschild um, und die Klasse lachte. Ich lachte nicht. Am zweiten Schultag gingen die Scherze weiter, desgleichen am Dritten, vierten, fünften Tag. Erst verschwanden nur die Schulbücher, irgendwann wurde aus dem Klassenspott physische Gewalt. Ich war damals sieben Jahre alt, ein kleines Mädchen, dass sich gegen die geballte Bosheit nicht zu wehren wusste. Mein Zwillingsbruder von dem ich Schutz erhoffte, suchte feige das Weite. All die Schuljahre trennten sich unsere Wege auf dem Schulhof, als ob er mich nicht kennen würde.

Zuerst Daheim und dann in der Schule war ich den psychischen und physischen Missbrauch ausgesetzt. Ich wurde nahezu verschlossener, ging nur widerwillig in die Schule.

Der Klassenlehrer setzte den Schikanen kein Ende und trieb noch weiter einen Keil zwischen mir und den anderen Klassenkameraden. Er verspritzte ungehemmt sein Gift.

Meine Mutter suchte nie das Gespräch mit dem Klassenlehrer, geschweige mit dem Schuldirektor. Sie dachte, sie müsse sich nicht um die Probleme jedes einzelnen Kindes kümmern. Konflikte zwischen Schülern seien normal, gab sie zu verstehen. Und außerdem: „Da gibt es Schlimmeres. Du machst eh überall nur Probleme."

Im folgenden Jahr wurden die Schikanen für mich so unerträglich, dass ich die Schule wechseln wollte.

Ich ging dann in die Oberstufe, und als „die Eingeschüchterte"
wurde ich nicht akzeptiert. Mein Albtraum ging weiter. Ich
wurde von Mitschülern beleidigt, gedemütigt oder sogar
körperlich attackiert.

Demgegenüber schauten die Lehrer extrem auf den sozialen
Status der Eltern, und da mein Vater ein einfacher
Fabrikarbeiter war und meine Mutter nur eine Hausfrau, war
ich unten durch. Sie schauten schweigend zu. Keine musste so
viel Strafen schreiben wie ich und keine musste so viel
Nachsitzen wie ich. - Hier ging die Ausgrenzung, Bloßstellung
und um die Verbreitung boshafter Gerüchte weiter. -

Diese typische Täterin, die sich gerne das „beliebteste und
schönste Mädchen der Klasse" bezeichnete, wurde von anderen
bewundert. In jedem Fall war sie eine machtorientierte Person,
die von den anderen teils gefürchtet wurde. Sie nutzte Mobbing
oft als Demonstration ihrer Macht oder zur Belustigung ihrer
Gefolgschaft. Während ich auf dem Schulhof wartete, kamen
dauernd wieder die Mobber aus meiner Klasse vorbei und
machten mich fertig. Ich wurde geschlagen, getreten und
beleidigt, jedoch gewehrt habe ich mich nicht. Die Erfahrungen
machen jedoch überdies die große Verzweiflung deutlich, die
mich als betroffenes Kind häufig zum Äußersten trieb. - Wer
sind diese Kinder und Jugendlichen, die einzelnen
Schulkindern das Leben zur Hölle machen? - Welche Kinder
sind besonders gefährdet, Opfer von Mobbingattacken zu
werden? Fragen wie diese sind wichtig, denn sie machen uns
sensibel für die Vorboten und helfen uns, genauer hinzusehen
und frühzeitig, wenn es nötig ist, einzuschreiten.

Mit der Zeit habe ich von all den Mobbingattacken zu Hause
nichts mehr erzählt, aus Angst und Scham nicht noch von
meiner Mutter fertiggemacht zu werden, in dem sie sich
darüber belustigte. Meine Mutter meinte, ihre Kinder zu
prügeln sei ihr gutes Recht. Ich bekam schallende Ohrfeigen

oder mit dem Teppichklopfer auf den blanken Hintern. Dass dies eine Körperverletzung gewesen wäre, sagte mir niemand. - Es wäre wohl eine Straftat gewesen. - Ich wurde andauernd von meiner Mutter geschlagen, das verletzte mich nicht nur körperlich. Das heißt nicht, dass es regelmäßig geschah; und doch geschah es öfters und über viele Jahre hinweg. Die Gründe waren für mich meist nicht greifbar. Ich lernte früh, möglichst keine Widerworte zu geben, mich anzupassen, unterm Radar zu fliegen. Ich verinnerlichte, schuldig zu sein. Ich konnte nicht mehr unterscheiden zwischen Dingen, die es wert waren, beweint zu werden und unwichtigen, die ein: „Dir gebe ich gleich Grund zum Heulen!" nach sich zogen. - Ich kann es bis heute nicht. -

Ich war klein, und sie war groß und mollig. Sie stand vor mir, und sie erschien mir wie ein Fass. Ihr Gesicht war verzerrt, ihre Stimme laut und aggressiv, jedoch was mir wirklich Angst einjagte, war ihr Blick mit den hässlichen stahlblauen Augen, die ich bis heute nicht mag. Sie war kalt, voller Verachtung, als würde sie mich hassen. Und ich glaube heute noch, dass sie mich hasst. Körperlich gemaßregelt zu werden ist für mich normal, und mir wird gesagt, dass ich froh sein solle, denn ein Ledergürtel wäre noch viel schmerzhafter als ein Teppichklopfer. Den Gürtel erlebte ich nie am eigenen Leib, dem sah ich nur zu, wie meine Brüder diesen abbekamen. Der blieb jene letzte Instanz, mit der mir gedroht wurde. - Ich trage bis heute keine Gürtel und gehe Menschen mit stahlblauen Augen aus dem Weg. - Hilflos und mit großer Angst wagte ich mich nur selten das Wort zu ergreifen. Ich flehte meinen Vater an, die Brüder von den Schlägen zu verschonen. Doch dann wurde mir der Vorschlag gemacht, ich könne sonst an derer Stelle den Hintern hinhalten. Mein ältester Bruder wurde nie verschont. Er musste oft als Sündenbock meines zweitältesten Bruder hinhalten. Der Zweitälteste stand meistens unter dem

Schutz der Mutter. Ich hasste ihn. Er ließ keine Gelegenheit aus, uns unter die Nase zu reiben, dass die Mutter ihn lieber habe. Er schubste und verspottete mich desgleichen, wie meine Mutter es tat. Er gab deutlich zu verstehen, dass er mehr Rechte im Haus hat als wir. Das er stets von Tadel freigesprochen wird. Die Leidtragenden waren allzeit mein ältester Bruder und ich. Jeder Fehler, jedes falsche Wort, für das mussten nur wir büßen. Wir beide haben am Leibe verspüren müssen, dass wir unerwünscht waren. Mein ältester Bruder wurde von meiner Mutter zu jung geboren und ich war als Zwilling zu viel. Für den Frust sollten wir bezahlen. Er ist fünf Jahre älter als ich. Bei ihm fand ich nicht selten Trost. Er machte mir wiederholt Mut, mich zu Wehr zu setzen. Nicht lange später zog er aus.

Zu Zeiten habe ich meine Mutter wie mein zweitältester Bruder gefürchtet, gehasst und verachtet.

Einst dachte ich die, die nicht zuschlugen, hatte ich ‚viel lieber‘. Heute sehe ich sie gleicherweise schuldig, wenn meine beiden verbliebenen Brüder, sich nicht einmischten, wenn meine Mutter nach dem Teppichklopfer griff. Wenn Gespräche leise weitergeführt und dabei unbehagliche Blicke getauscht wurden, während meine Schreie aus dem Kinderzimmer erklangen. „Das war halt so." Bei uns und bei anderen. Und ich hatte dankbar zu sein, schließlich gaben meine Eltern mir zu essen. Einmal hatte ich Schläge abgekriegt und ich glaubte, es starb tatsächlich etwas von mir an jenem Abend. Sie sagte: „Dich kann ja keiner lieben mit deinem scheiß Charakter." Wie viel Leid, wie viel Schmerz und Qualen in diesen Worten steckten. Ich zucke innerlich zusammen, wenn ich diesen Satz hörte - von einer mir fremden Mutter zu einem mir fremden Kind. - Und selbst, wenn diese Worte nicht ernst gemeint sein sollten, ein Kind kann sie nur als solche verstehen, wenn es weiß, was ihr folgt, was sie bedeutet.

Für die Täter ist es in diesem Moment ein Spaß. Ich bin

überzeugt davon, dass ihre sadistischen Seiten sie wieder einholen werden: ‚Hochmut steht vor dem Fall. Mobbing hinterlässt Spuren nicht nur beim Opfer, sondern desgleichen im Umfeld und in der Seele der Täter. Ihre Überlegenheit, sofern sie überhaupt besteht, ist höchst vergänglich, und äußere Schönheit ist ein flüchtiger Schein. Man sieht nur mit dem Herzen gut. Und da fällt jeder Mobber durch.'

Die Erinnerungen werden von der Familie bagatellisiert. Zumeist erkennbar an der Schlussfolgerung: „Das hat dir jedoch nicht geschadet!" Ich verstehe diesen Satz nicht und kann ihn nicht akzeptieren. Sie wollten ihr gutes Bild, dass man von den Eltern haben sollte, durch die Szenen, wo man mich geschlagen hat, nicht verlieren. Häufig ist gleichermassen ihre Verdrängung daran schuld. Andauernd berichten mir Menschen, dass sie an die ersten acht Jahre ihrer Kindheit keinerlei Erinnerung haben. Weshalb mir meiner Mutter einmal vorwarf, ich könne mich gewiss nicht an all das erinnern. Ich hatte damals kein Bild, kein Gefühl, nichts. Erst im Rahmen, meiner späteren Psychotherapie, kamen manchmal meine schmerzlichen Erinnerungen wieder zurück.

Die Prügel hinterließen tiefe Narben auf meiner Seele. Deshalb wäre es wichtig gewesen, dass ich gewusst hätte, wie ich mich hätte wehren können und nicht alles geschluckt hätte, wenn es bei mir zu Hause von Schlägen hagelte. Ich konnte mich weder an Freunden, Lehrer noch sonst jemanden wenden. Psychische Gewalt ist die häufigste Form von Gewalt. Ich erlebte sie alltäglich, sie wurde mir bewusst zugleich oft ungewollt zugefügt. Ich lebte diese psychische Gewalt in unterschiedlicher Form, nämlich in Vernachlässigung, Misshandlung und später im sexuellen Missbrauch.

Heute weiß ich, dass es wissenschaftlich erwiesen ist, dass psychologische Misshandlung Narben im Hirn hinterlässt. Nämlich ein über aktives Angstzentrum und verkleinerte

Gehirnareale. Kindesmisshandlungen verändern das Gehirn der Opfer, und zwar über Jahrzehnte. Betroffene wie ich, führen ein Leben in Alarmbereitschaft. Da ich als Kind Misshandlungen erfahren hatte, behielt ich nicht nur psychische Narben zurück.

Forscher der Universität Münster haben in einer Studie biologische Veränderungen im Gehirn belegt. Noch Jahrzehnte nach dem Missbrauch zeigten wir Opfer eine erhöhte Aktivität des Angstzentrums und mehrere verkleinerte Gehirnareale, berichten die Forscher. Die Ergebnisse seien ein wichtiger Schritt, um den Zusammenhang zwischen Kindesmisshandlung und späteren psychischen Erkrankungen zu erklären. Für ihre Studie untersuchten die Münsteraner Forscher 148 psychisch gesunde Erwachsene. Mit einem Fragebogen wurde zunächst ermittelt, ob ein Proband als Kind misshandelt wurde. Dann konfrontierten die Forscher die Testpersonen mit Fotos von wütenden oder furchtvollen Gesichtern und maßen gleichzeitig die Aktivität des sogenannten Mandelkerns, des Angstzentrums im Gehirn. Im Gehirn misshandelter Probanden schlug das Angstzentrum deutlich heftiger Alarm als im Gehirn von Personen, die als Kind nicht misshandelt wurden.

Der Psychiater Udo Dannlowski, einer der Autoren der Studie äußerte: „Die Betroffenen fürchten sich schneller, haben einen stärkeren Schreckreflex, haben Angst vor Nähe zu anderen Menschen und sind im Alltag ängstlicher als andere Menschen."

In den Ergebnissen könnte also der Schlüssel liegen für eine biologische Erklärung des Zusammenhangs zwischen Misshandlungen im Kindesalter und späteren psychischen Erkrankungen wie Depressionen.

Ich drehe die Uhr ein wenig zurück, als ich ungefähr vier Jahre alt war, bekam ich in der Küche eine heftige Diskussion zwischen meinen Eltern mit. Mein Zwillingsbruder wollte unbedingt mit dem Vater mitgehen. Die Aluminiumfabrik öffnete seine Tore für das breite Publikum. Die damalige AluSuisse, also der Arbeitsplatz meines Vaters, bot am folgenden Tag, einen „Tag der offenen Tür". Mein Bruder war neugierig und wollte unbedingt sehen wo sein Vater arbeitet. „Mama ich will mit Papa gehen, ich will sehen, wo er arbeitet. Gell Papa, du nimmst mich mit?" Dieser Satz wiederholte er weinend immer und immer wieder, bis sie schlussendlich nachgeben musste. Ich beobachtete, wie meine Mutter eine widersprüchliche Stellung einnahm: „Es wird spät und der Junge muss früh ins Bett!" So ging das eine Weile hin und her. Am folgenden Tag fuhren mein Vater und der Zwillingsbruder gegen Mittag los. Meine zwei älteren Brüder waren außer Haus. Meine Mutter und ich blieben Daheim. Kurz darauf klingelte es an der Tür. Es stand ein kleiner molliger Mann mit kurzen schwarzen Haaren und mit einem Vollbart vor uns. Liebevoll bat meine Mutter, dieser mit unbekannte Besucher, herein. Sie setzten sich beide an den Esstisch. Ich blieb schüchtern im Korridor stehen und verfolgte schweigend das Geschehen. Sie saßen sich gegenüber und er packte aus seiner Tüte eine Spielpuppe aus und stellte ein Stapel Schokolade auf den Tisch. „Hier diese ist für dich", er reichte mir die Puppe und ich freute mich. Sie hatte wunderschöne schwarze Haare und braune Augen. „Wo ist der Junge? Du hast gesagt, du hättest Zwillinge bekommen. Ich sehe nur das Mädchen", fragte er verwundert. Meine Mutter erklärte ihm, dass sie gestern eine heftige Auseinandersetzung mit ihrem Gatten gehabt hätte. Der Mann ließ das so nicht stehen: „Du wusstest bereits seit langem, dass ich heute komme und ich wollte beide sehen, deshalb habe ich ja die weite Reise auf mich genommen!"

Meine Mutter entschuldigte sich. Dann lenkte sich das Gespräch in eine andere Richtung. Ich hörte, wie sie über eine Beziehung sprachen und über ihre unglückliche Ehe mit ihrem Ehemann. Er machte ihr den Vorschlag mit ihren Kindern zu ihm zu ziehen. Meine Mutter zögerte: „Weißt du, zweifellos sind die zwei älteren Söhne vom Ehemann."

„Ich nehme sie an, wie meine Kinder, er hat es gleichermassen mit den Zwillingen gemacht. Wieso sollte ich das nicht tun können?" erwiderte dieser, mit seinem schlechten Deutsch.

Er nahm mich auf seinem Schoss und sagte: „Schau die Schokolade ist dann für deinen Bruder." Er gab mir ein Kuss auf die Stirn. - Ich spürte von diesem Mann eine tiefe Liebe, die ich von meinem Vater nie bekam. - Ich wusste damals nicht, was es war, jedoch zwischen diesem Unbekannten und mir war nicht dieser unüberwindliche Graben, den ich zwischen mir und meinem Vater spürte. - Mein Vater war für mich ein Fremder, von dem ich mich allzeit fürchten musste. -

„Dann fragen wir doch Rita, was sie dazu meint. Rita willst du genauso mit diesem Mann wegziehen?" wandte sich meine Mutter an mich. Ich schaute den Mann an, der mir tief in die Augen sah und ich antwortete, ohne zu zögern. „Ja, Mama, er ist so lieb. Ich will mitkommen." Eine Weile wurde es still im Raum. Ich denke, die Antwort haben beide nicht erwartet.

„Ähm, nichtsdestotrotz habe ich Verpflichtungen hier. Das ist nicht so einfach und ich müsste alles wieder von vorne beginnen. Mein Ehemann hat einen gut bezahlten Job, meine Mutter wohnt hier nebenan und kann mir gut bei der Erziehung helfen." So versuchte sich meine Mutter auszureden.

„Ich habe genauso eine große Wohnung und eine gut bezahlte Arbeit. Das schaffen wir! Du lässt dich scheiden und kannst zu mir kommen. Du sagtest mir immerhin, dass du nicht glücklich bist!" entgegnete der Mann.

Doch meine Mutter blieb hart und gab ihm zu verstehen, dass

sie sich nicht scheiden lassen will. Enttäuscht stand der Mann auf und sagte zu ihr: „Wenn du so entscheidest, dann sind die Zwillinge von nun an die Kinder deines Ehemannes. Ich will nicht, sobald diese erwachsen sind, eines Tages vor meiner Türe stehen. Ich habe zwischenzeitlich eine neue Familie, denn ich fang jetzt ein neues Leben an und bin auf Nimmerwiedersehen verschwunden."

Der Mann steuerte auf den Ausgang zu und ich fragte, wann er wieder komme. Er drehte sich um, strich mir sanft übers Haar und gab mir einen Kuss auf der Stirn: „Ach mein Kind."

Ich blickte in seinen traurigen Augen und konnte so weit eine Träne sehen. Er verabschiedete sich von der Mutter. Ich zog sie am Rockzipfel und fragte mehre Male: „Wann kommt dieser Bartmann wieder? Mama, wann kommt dieser Bartmann wieder. Kommt er uns bald wieder besuchen?"

Als er fort war, versicherte sie mir: „Er kommt bald wieder." So vergingen Tage, bei dem sie mich beruhigte. Ich sah den Mann, von dem diese Wärme ausging, nie mehr wieder.

Ich hatte drei Brüder und musste ständig im Haushalt mithelfen. Bereits mit neun Jahren musste ich putzen, aufräumen, Wäsche waschen und bügeln. Ich musste ihr zur Hand gehen, nicht nur im Haushalt, in gleicher Weise bei deren Arbeit als Putzfrau in Leukerbad.

Deshalb konnte ich mich nie mit meinen Freundinnen treffen. Dies wirkte sich überdies auf die Schule aus. Die Kinder distanzierten sich von mir und schnell wurde ich zur Außenseiterin. In der Schule wurde ich wegen meiner Andersartigkeit gehänselt. Als eine Tante auf Besuch kam, saß ich traurig am Tisch. Die Tante fragte mich, was los sei. Ich teilte ihr mit, dass ich in der Schule verspottet werde. Niemand wolle mit mir spielen. Meine Mutter fiel mir ins Wort: „Kein Wunder mit deinem Charakter, sieh dich doch mal an!"

Entsetzt von dieser Aussage tadelte meine Tante die Mutter. Die

Tante war ihre jüngere Schwestern, die nie Kinder bekommen konnte. Ich weinte und klagte meiner Tante, ob ich nicht ihr Kind sein dürfe. Sie solle mich bitte mitnehmen.

Später erfuhr mein älterer Bruder von den Sticheleien auf meinen Schulhof. Er kam zu mir und forderte mich auf, die Kinder zu Recht zu weisen. Falls nötig mit Faustschlägen. - Die Vorstellung gefiel mir eigentlich gar nicht. - Er machte mir Mut indem er mich aufforderte: „Komm Rita, das üben wir jetzt. Gib mir eine Ohrfeige!"

Das viel zitierte und missbrauchte Zitat: „Auge um Auge, Zahn um Zahn" bekam ich nicht alleine von meinem Vater zu hören, ebenso von meinen Brüder, die ihre Handgefechte gegenüber ihren Mitmenschen damit rechtfertigten. Ich wagte mich nicht meinen Bruder zu schlagen. Doch er gab nicht auf. Er meinte, sonst würde diese Sticheleien niemals aufhören. Ich riss mich zusammen und schlug zu. Er lobte mich und wies mich erneut an, mich zur Wehr zu setzen. Am nächsten Schultag packte ich all meinen Mut und machte mir einen Vorsatz: ,Ich lasse mir das nicht mehr länger gefallen.'

Eine Schülerin war eine besonders große Feindin von mir. Wir standen auf der Treppe, sie kam von hinten und schubste mich. Ich ermahnte sie. Beim dritten Mal holte ich meine Hand aus und ohrfeigte sie. Sie fiel zu Boden und keine zwei Sekunden vergingen, war sie verschwunden. Ich hatte nicht bemerkt, dass sie in die Toilette flüchtete. Ich ging hoch zur Garderobe, da stürmte ihre Freundin auf mich zu und schrie mich an. Ich blickte sie zornig an und holte wieder aus: „Willst du ebenfalls eine?"

Sie rannte zum Lehrer und plauderte alles aus. Darauf kam der Lehrer aus dem Schulzimmer und tadelte mich. Ich lachte laut aus und sagte: „Von nun an gelten andere Regeln! Sie haben nichts gegen das Mobbing gemacht, jedoch ich tue was."

Die Prügeleien auf dem Schulhof nahmen zu. Es ging so weit,

dass die Schuldirektion, in dem gleichwohl mein Vater zugegen war, öfters zur Aufsicht kamen. In zwischen hatte ich mein Ziel erreicht, in dem ich mir den Respekt der Mitschüler, mit Fäusten durchgesetzt hatte. Ferner hatte sich die Situation zu Hause nicht entspannt. Zu Hause hörte ich die Gebote, die Gott den Menschen gab. In dieser Macht Gottes sah ich nicht, dass diese nicht zuletzt die Menschen vor ihrer eigenen Grausamkeit schützen sollten. Ich erinnere mich gut, wie ich mit meiner Mutter im Garten jäten musste. Von dort aus mit Blick auf den Fußballplatz, während dem meine Brüder dort spielten. Das erfüllte mich mit einem tiefen Schmerz. Meine Mutter redete so gut wie nie mit mir. Sie wollte jedes Mal ihre Ruhe vor mir haben. Unser Verhältnis war dermaßen distanziert, dass ich schnell mal Hass gegenüber ihr verspürte.

Im Übrigen kam meine Großmutter zur Hilfe. Mir war langweilig, dass ich zum Wort griff, worauf meine Mutter mich anschnauzte: „Halt dein Maul, Du unliebes Kind!" Traurig bat ich sie um Verzeihung und erhoffte zu hören, dass ich trotzdem lieb sei. Ich wiederholte die Worte dauernd, bis meine Großmutter nicht mehr zusehen konnte. Sie fuhr meine Mutter an, indem sie ihr drohte: „Wenn du dem Kind nicht unverzüglich antwortest, werde ich dir eines mit der Gartenkralle überziehen!"

Ich fand hie und da Zuflucht bei meiner Großmutter. Als ich älter wurde, besuchte ich sie öfters, damit ich ein wenig Abstand von Zuhause bekommen konnte.

Allmählich entwickelte sich in mir ein reges Feindbild gegenüber meine Mutter. In Gedanken wurde sie zu meiner größten Feindin erkoren. In ihren Augen erblickte ich dieses biblische Dämonenbild, von dem ich mich fernhalten sollte. Ich jätete, betete und floh wieder in meine eigene kreative Fantasiewelt. Meine Gedanken schweiften weit weg von meiner Familie. In dieser Welt bekam ich Bestätigung und

Anerkennung. Von Liebe konnte ich ja nicht reden, das war ein Fremdwort für mich. - Ich kannte dieses Gefühl nicht. Ich kann mich nicht erinnern, wann ich einmal in der Kindheit von meinen Eltern herzlich in den Arm genommen wurde. - Geschweige, dass ich jemals gehört hatte, dass sie mich lieb haben. Das kleine Mädchen von damals hatte sich wiederholt andere Eltern gewünscht. Ich fühlte mich nicht willkommen. Ich fühlte mich nicht als ihre Tochter, stattdessen hatte ich eher das Gefühl deren Magd zu sein. Mein Gefühl nicht wirklich einen Teil dieser Familie zu sein, wurde mit einem Telefongespräch bestätigt. Meine Mutter plauderte gern, ohne vorher nachzudenken. Am Abend saßen mein Vater und ich auf dem Sofa und schauten Tagesschau. Nebenan im Elternschlafzimmer telefonierte meine Mutter mit ihrer Freundin. Ich hörte, wie sich sagte, dass sie mich nie gewollt hätte. Es wäre ein Unfall gewesen und ich wäre als „Supplement" nachgekommen. Überrascht schaute ich zu meinem Vater und fragte ihn, was er dazu zu sagen hätte. Nach dem Telefongespräch kam meine Mutter aus dem Zimmer und sprichwörtlich war das Feuer im Dach. Meine Eltern stritten sich. Das war das einzige Mal, bei dem ich einen Streit zwischen meinen Eltern mitbekam.

Am meisten wurden mein ältester Bruder und ich geknechtet. Denn mein zweitältester Bruder war das Lieblingskind meiner Mutter. Sie entschuldigte sich, Betreff ihrer Haltung, in dem sie seinen Herzfehler als Vorwand brachte. Mein Zwillingsbruder war der Liebling meines Vaters, weil er die meiste Verehrung von ihm bekam. So wurden diese zwei Brüder allzeit bevorzugt behandelt. Nichtsdestotrotz verspürte ich am meisten die Unterdrückung. Ich bekam öfters von meinem Vater zu hören, wir Frauen seien dem Manne untertan, weil wir aus der Rippe Adams entstanden sind.

Dass ich im Haushalt helfen musste, war eine

Selbstverständlichkeit. ‚Das war nicht mal das Schlimmste.' Schlimmer, als die Familie bedienen zu müssen, die die Ansicht vertraten, dass sei nun mal Aufgabe einer Frau wog, dass mir daneben beinahe alles verboten war: ausgehen, tanzen, Kino usw. Ich wurde kontrolliert und musste über jede Bewegung Rechenschaft ablegen. Einen Freund zu haben, war mir nicht erlaubt, den zukünftigen Mann wurde beinahe von den Eltern für mich bestimmt. Jedes Mal musste ich mir einen Ausgang erkämpfen, zwei Mal in meiner ganzen Jugendzeit durfte ich rausgehen, dann jedoch musste ich um 17 Uhr bereits wieder zu Hause sein. Auf einmal, an jenem Mittwoch, als ich später nach Hause kam als verabredet, nämlich erst um 20.30 Uhr, beschied meine Mutter, dass ich nun nicht mehr länger zu meiner Freundin gehen dürfe, fortan sei ich vollumfänglich für den Haushalt zuständig. - Da wusste ich, dass ich endgültig keine Freunde mehr haben werde. - Ich plante akribisch eine Flucht. Ein paar Tage lang packte ich heimlich Kleider in die Sporttasche. Wagte den Schritt, aus Angst vor den Folgen, nicht: ‚Wenn man sich in der eigenen Familie wie eine Fremde fühlt, wenn man da, wo man zu Hause ist, nicht sein will, weil man keine Freiheit hat, dann ist die Angst vor der Einsamkeit oder vor dem, was danach passieren wird, mit einem Mal unwichtig.'

Die Haltung meines Vaters gegenüber der Frau bekam meine Mutter desgleichen zu spüren. Sie musste ihren Lohn, den sie als Nebenjob verdient hatte, abgeben. Er war der, der das Geld verwaltete. Damals hatte er ebenso, laut ihrer Aussage, ihr Erbe unerlaubt an sich genommen. Jeder Einkauf oder Friseurbesuch durfte sie nicht ohne seine Erlaubnis tätigen.

Meine Brüder durften bei Vereinen mitmachen, im Fußballclub spielen und einen Kampfsport ausüben. Mir blieb alles verwehrt. Jedes Mal hieß es, ich sei ein Mädchen und hätte andere Verpflichtungen. Ja sogar medizinisch wurden meine

Brüder begünstigt. Als mein Zwillingsbruder einmal auf einen Baum kletterte und runter ins Heu fiel, wurde ihm die beste medizinische Versorgung zu Teil. Ich hingegen stürzte einmal beim Schulsport auf den blanken Boden. Die Folge war eine starke Rückenverletzung. Meine Lehrer fuhren mich nach Hause und schilderten meinen Eltern der Unfallhergang. Die Eltern taten dies ab und meinten ich würde simulieren. Die Lehrer ermahnten sie, dass sie mit mich zum Arzt fahren sollten. In der Tat wurde dies ignoriert. Ich hatte starke Rückenschmerzen und leide in der Folge einer Deformation des Rückens, weil meine Eltern es unterließen, mich von einem Arzt untersuchen zu lassen. Verschiedene Lehrer forderten meine Eltern dazu auf, mit mir zum Arzt zu gehen, freilich stießen deren klugen Ratschläge auf taube Ohren. Schließlich war ich bloß ein zweitrangiges Mädchen.

Mich plagten wieder mal Rückenschmerzen und vor mir standen drei Körbe Wäsche, die gebügelt werden sollten. Meine Hauswirtschaftslehrerin empfahl mir, die Wäsche sitzend zu bügeln, dass wäre Rücken schonender. Auf ihren Ratschlag hin richtete ich zu Hause den Arbeitsplatz so ein, dass ich sitzen konnte. Meine Mutter kam in die Küche und traf mich sitzend vor. Sie ermahnte mich: „Steh sofort auf und bügle die Wäsche stehend!" Ich versuchte, ihr die Situation zu erklären. Sie schrie lauter: „Du hast mir nicht zu widersprechen." Darauf packte sie mich an den Haaren, schlug meinen Kopf drei- oder viermal auf den Tisch. Meine Nase fing an zu bluten und voller Angst, die Zähne verloren zu haben, stürmte ich in die Toilette, um in den Spiegel zu blicken. Solche Szenen erlebte ich oft. In mir erwachte langsam der tiefe Hass gegenüber meinen Eltern. Ich spielte mit dem Gedanken von Zuhause auszubrechen. ‚Doch wohin?' Dann bat ich Gott, sterben zu können. - Doch der hört mich eh nicht. Er ist auf der Seite von meinem Vater. - Ich geriet allmählich im inneren Konflikt.

Was ist denn Liebe

Was ist denn Liebe? Wenn man sie nicht bekommt.
Was ist das für ein Gefühl?
Wenn sich gar nichts formt.
Sag es mir ...!
Warum soll ich geben, wofür?
Wie kann man so leben,
wenn die Liebe nicht erwidert wird ...?
Ich bin verwirrt!
Habe ich mich etwa geirrt?
Muss man den lieben?
Was werde ich dafür kriegen?
Ich bin verwirrt!
Habe ich mich etwa wieder geirrt?
Wollte doch danach streben, hatte alles dafür gegeben.
Doch wofür?
Niemand hatte das Gefühl, um es mir zu geben.
Ich bin allein! Liebe sollte nicht real sein.
Warum nur geben?
Ich kann doch ohne sie eh leben ...!
Was ist das für ein Gefühl, dieses Glück?
Gib mir doch nur ein Stück, dass ich weiß was es ist.

Gedicht © Rita Kuonen

Foto: Yannick Andrea – Das damalige Restaurant meiner Elten und hinten zu sehen das Pfarrhaus mit den roten Läden

Du sollst Vater und Mutter ehren solange du lebst auf Erden

Ein mächtiger Mann, der oben im Himmel thront und mich allzeit überwacht, dass war einst mein Gottesbild. Er sieht jeden Fehler, kennt all meine Gedanken und lässt keine Verfehlung zu. Meine Eltern, die erwachsen waren, sie waren unfehlbar wie Gott. Zumal ich nie gesehen habe, dass sie jemals von ihm bestraft worden wären. Die Visionen meines Vaters komplementierten dieses Gottesbild. Mein Vater bestrebte ein Leben nach Heiligkeit. Der Bruder Klaus von Flüe diente ihm als Vorbild. Jährlich pilgerten wir nach Einsiedlern und besuchten von Zeit zu Zeit die Denkmalstätte vom Bruder Klaus. Ich konnte nicht begreifen, wie egoistisch dieser Heilige damals handelte. Er ließ seine Frau mit zehn Kindern alleine zurück. Oft fragte ich mich, ob ich die Einzige bin, die all die Handlungen infrage stellt.

- Jedenfalls durfte ich nichts infrage stellen. Mit dieser Gotteslästerung würde ich bestraft werden. - Vielleicht so wie bei diesem Betrunkenen, der einmal an einem Samstagabend im Dorfrestaurant, Jesus am Kreuz sein Bier anbot. Wegen jenes Spottes verlor er am Montag sein Auge. Laut Überlieferung meines Vaters, spickte ihm ein Metallsplitter ins Gesicht und er erblindete am rechten Auge.

Ohne Frage rechtfertigte ich die Heiligkeit Bruder Klaus nicht, in dem dieser das sinnlose Leben als Einsiedler wählte. ‚Seine Ehefrau hätte seine Hilfe nötiger gehabt, stattdessen hatte sie alle Hände voll zu tun.'

Mein Vater war einer, der gerne im Mittelpunkt stand. Er prahlte über seine hellseherischen Fähigkeiten, die er nur aufgrund seiner Frömmigkeit, von Gott geschenkt bekommen hatte. Meine Mutter plus einer meiner Tanten bestätigten, dass tatsächlich Ereignisse, die mein Vater vorhersah, eingetroffen sind. Ich erinnere mich an eine Geschichte, die erzählt wurde.

Mein Vater soll einen Traum gehabt haben, bei dem ein Fahrzeuglenker in einer Kurve schleuderte und tödlich verunglückte. Dieser Gedanke quälte mein Vater, sodass er bei meiner Mutter Rat holte: „Soll ich auf dieser Kurve warten und versuchen den Unfall zu verhindern?" Meine Mutter entgegnete, er wüsste ja nicht, wann dieses Ereignis eintreffen solle. Vielleicht würde der Autofahrer genau deswegen verunglücken, weil er sich erschrecken könnte, wenn da auf einmal ein unbekannter Mann steht. Darauf hin ließ er seine Idee fallen. Es ging nicht lange, las er einen Artikel in der Zeitung, über dem ein Unfallhergang berichtet wurde, wie er ihn im Traum vorhersah. Das Bild, dass in der Zeitung zu sehen war, war genau die Kurve, die er im Traum erblickte. Mein Vater wurde häufig von solchen Träumen geplagt. Am Frühstückstisch klagte er wiederholt, dass er wieder einen solchen seltsamen Traum hatte. Er sah einen Sarg in der alten Dorfkapelle stehen. In diesem Sarg lag ein Kapuziner. - Er rätselte, was dies zu bedeuten hat. Wer könnte da als Nächster sterben? - Mein Vater war im Dorf bekannt als „der Totenseher". Da er politisch, und als Autor sehr engagierte war, erntete er viel Respekt und war ein angesehener Mann. - So empfand ich es damals. - All diese Geschichten versetzten mich in eine respektvolle und demütige Haltung. Kurze Zeit darauf verstarb mein Onkel, der früher als Kind den Spitzname „der Kapuziner" trug.

Um seine Frömmigkeit zu demonstrieren und voller Hoffnung der Heiligkeit näherzukommen, ließ er im Garten eine Heilige Rita Kapelle errichten. Ihre scheinbare Tugendhaftigkeit hielten meine Eltern nicht davon ab, mich als Kind psychisch zu misshandeln. Wie bereits erwähnt, wurde ich wiederholt von meiner Mutter geschlagen und vom Vater gedemütigt. Von meinen Zweitältesten sowie vom Zwillingsbruder wurde ich observiert. Später in der Pubertät wurden alle Jungs von mir ferngehalten. Sobald sich ein Junge mir näherte oder sie erfuhren, dass ich mich verliebt habe, wurden diesen Jungs mit Schlägen gedroht. Jede meiner Handlungen wurde direkt an meine Eltern weitergeleitet. So wurde ich jeglicher Freiheit beraubt. Mein zweitältester Bruder war ein Tyrann und sollte mich bewachen, wo er nur konnte. Er befehligte mich und eines Tages, als ich mich ihm widersetze, packte er mich am Kragen. Er hob mich ab Boden und schnürte mir mit seinen Händen den Hals zu, während er mich gegen die Wand drückte. In dem Moment hatte ich solche Todesangst, als ich keine Luft mehr bekam. Mein ältester Bruder betrat das Haus, dementsprechend wurde ich aus den Fängen meines Peinigers befreit.

Sollte ich etwas Falsches getan haben oder wollte meinen Eltern widersprechen, hörte ich von meinem Vater verschiedene Angst auslösende Sätze oder Bibelzitate wie beispielsweise: „Du sollst Vater und Mutter ehren so lange du lebst auf Erden. Das ist das vierte Gebot und daran sollst du Dich halten."

Mein Vater machte mir subtil weiß, dass Gott ein Mann ist und somit ist die Frau dümmer als der Mann. Der Beweis hierfür wäre Eva und Lots Frau.

Etliche Male erzählte er mir Geschichte von verschiedenen Sündern und wie sie von Gott bestraft wurden. Ein prägendes Beispiel ist mir bis heute geblieben. Ein Bauer ging am Sonntag das Heu einfahren. Anscheinend hatte es unter der Woche geregnet, sodass er aus Angst im Winter kein Futter für seine Kühe zu haben, sich andererseits erlaubte, diese Arbeit am Sonntag zu verrichten. Am folgenden Dienstag habe er das Bein gebrochen, somit wurde er von Gott bestraft. Ich bekam große Angst vor diesem mächtigen Gott, der so schnell erzürnte.

Als ich zehn Jahre alt war, fragte ich meine Mutter: „Wie komme ich in den Himmel?" Sie antwortete: „Du musst viel beten, so wie die Heilige Rita. Sie war im Kloster und betete Tag und Nacht." Damals setzte ich mir diesen Gedanken in den

Kopf. Ich beschloss ins Kloster zu gehen, damit ich der Hölle entkomme. Ich wollte das klösterliche Leben und deren Gelübde von Keuschheit, Armut und Gehorsam bereits in der Kindheit umsetzen. Demzufolge hatte ich mich nicht mehr getraut, etwas zu wünschen oder meinen Eltern zu widersprechen. - Mir fiel in dieser Kondition keineswegs auf, dass meine Brüder diese völlige Angst vor der Hölle niemals hatten. Sie lebten viel freier und unbeschwerter als ich. -

Ein paar Jahre später erkrankte mein Vater. Er verlor seine Arbeit und seine Arbeitslosigkeit machte ihm sehr zu schaffen. Er zog sich von der Gesellschaft zurück, gab alle Ämter auf und suchte den Sinn des Lebens im Gebet. Mein Vater war ein gebrochener Mann. Mein Zwillingsbruder und ich verbrachten mit unserem Vater die Ferien im Nahe gelegenen Dorf, zurückgezogen in einem kleinen Ferienhäuschen. Das Verhalten unseres Vaters war nicht wie gewohnt. Er war stiller und abwesender als sonst. Erschöpft legte er sich nieder und schlief bis nachmittags um drei Uhr.

Er saß apathisch auf der Sitzbank, die vor dem Haus stand. Als es Abend wurde, legten wir uns ins Bett. Mein Vater wollte mitten in der Nacht die Treppe runter steigen, um auf die zur Toilette zu gehen. In jener Nacht stürzte er drei Mal die Treppe runter. Unten angekommen, halfen wir ihm wieder auf die Beine. Er redete wirres Zeug vor sich her. Ich verstand nur irgendwas von einer Skihalterung. - Das Gerede ergab keinen Sinn. - Es war gegen zwei Uhr nachts, als er uns aufforderte seinen Werkzeugkasten aus der Kammer zu holen. Unser Vater war fest entschlossen, in der Küche eine Skihalterung zu montieren. Er versenkte Nägel in die Bretterwand. Wiederholt versuchten mein Bruder und ich, erfolglos auf ihn einzureden.

Am nächsten Tag durchwühlte er alle Schubladen. Auf die Frage hin, was er dort suche, antwortete er: „Mein Gewehr!"

Just fand er dieses und machte sich nun auf die Suche nach

Munition. Umgehend forderte ich meinen Bruder auf, mit dem Mofa nach Hause zu fahren, um die Mutter darüber zu informieren. - Sie solle sofort herkommen!

Diese wusste nichts Besseres, als die Psychiater vorbeizuschicken. Von ihr, keine Spur. Von den ankommenden Fachärzten erfuhren wir, dass sie mit ihrem Lieblingssohn nach Graubünden gefahren ist. Sie wolle ihre Schwester besuchen. Da standen mein Zwillingsbruder und ich, als unerfahrene Teenies, mit einem verwirrten kranken Vater in einer Almhütte ohne eine Ahnung zu haben, wie es schlussendlich weitergehen soll. Wir verhandelten mit drei Fachärzten, die gewillt waren unser Vater in die Psychiatrie einzuliefern. Auf Biegen und brechen, konnten wir sie davon überzeugen, dass wir uns nicht in Gefahr befinden. Die Ärzte überließen uns den Vater und wir pflegten ihn. Nach einigen Tagen traf endlich unsere Mutter ein. Aufs Schärfste kritisierte ich ihr liebloses Handeln. Sie lachte und meinte: „Der simuliert doch! Er will nur im Mittelpunkt stehen." Ich durchschaute ihren Plan. Ihr Wunsch diesen kranken Mann wegzusperren, war nichts anderes gewesen, als einen Ausweg aus ihrer Ehe zu finden. - Meine Mutter war nur zu feige die Scheidung offen auszusprechen.

Die Ehe wurde weitergezogen und mein Vater wurde von der Invalidenversicherung zu einer Umschulung angemeldet. Er machte das Wirtepatent und konnte von der Gemeinde ein Restaurant zur Pacht übernehmen. Meine Eltern eröffneten 1993 dieses gut besuchte Restaurant. Meine Mutter bekochte die Arbeiter, die im Dorf auf dem Bau waren. Es herrschte regen Betrieb. In dem selben Masse sollte ich hier als Mädchen die Gäste bedienen. Ausgerechnet ich, die in der Schule von all den Lehrern und Schülern unbeliebt war. Soziale Kontakte waren mir zu wider. Ich war ein verschlossenes, zurückgezogenes Mädchen, die in einer Fantasiewelt lebte, weit weg von der Realität. Denn die Realität war für mich knallhart und beinahe unerträglich. Genötigt die Gäste zu bedienen, ohne einen Lohn dafür zu empfangen, verrichtete ich die Arbeit mit Widerwillen. Ich ließ mir jedoch nichts anmerken, trotz allem Schmerz war es mir bewusst, dass die Gäste nichts dafürkönnen.

Dass ich weiterhin den Wunsch hatte ins Kloster zu gehen, war meiner Mutter ein Dorn im Auge: „Aber Rita schau dir mal all die attraktiven Männer an. Das ist doch ein Hirngespinst!"

Ich sah keinen attraktiven Mann, außer der junge Dorfpfarrer, der vor ca. drei Jahren in unserem Dorf eingesetzt wurde.

- Im Übrigen war er damals mein Religionslehrer und wir verstanden uns auf Anhieb sehr gut. - Es entwickelt sich eine gute Freundschaft, da wir beide im Dorf Außenseiter waren. Das schweißte uns um so mehr zusammen.

Er war ein konservativer und selbstbewusster Mann. In den Augen der Dorfgemeinschaft war er ein arroganter und überheblicher Priester, da er kein Blatt vor dem Mund nahm. Er lebte im Zölibat und war deshalb tabu für mich. Ich erzählte ihm von meinem Wunsch, ins Kloster zu gehen. Er konnte das nicht ganz nachvollziehen. Wir führten über all die Jahre hinweg viele geistige Gespräche. Öfters ministrierte ich in Messen und übernahm mit der Zeit freiwillig das Amt der Werktagssakristanin.

Dieser junge und engagierte Priester schien ein ähnliches Gottesbild zu haben wie ich. Er führte Sühnenächte ein und fragte mich öfters um Rat. Er hatte zwei Gemeinden zu betreuen und bat mich deshalb um Unterstützung. Ich dachte mir nichts dabei und freute mich dem geistlichen Leben näherzukommen.

„Ich werde Dir diesen Gedanken ins Kloster gehen zu wollen ohne weiteres austreiben!" Dieser Satz hörte ich abermals von meiner Mutter. Nach einer Weile ertappte ich sie, wie sie einem Stammgast sehr zugetan war. Ich bekam mit wie sie sich zugleich, außerhalb der Öffnungszeiten trafen. Von unserer serbischen Kellnerin erfuhr ich, dass diese Bekanntschaft ihr helfen soll, mir den Klostergedanken auszutreiben. Dieser Stammgast war ein aufdringlicher und unausstehlicher Mann. Er machte wiederholt sexuelle Anspielungen und bedrängte mich, indem er mich mehrmals aufforderte, ihm einen Kuss zu geben. Meine Mutter war der Ansicht, dass nichts dabei sei. Geradezu wöchentlich wurde ich von diesem Gast belästigt. Meine Mutter befahl mir eines Tages mit den beiden mitzufahren. Andererseits bevorzugte ich mit der Kellnerin zubleiben. Trotz Widerstand entkam ich ihrem Befehl nicht. Sie steckten mich in diesem kleinen grünen Fiat Coupé und wir fuhren Richtung Alpen. Meine Mutter lenkte den Wagen und der Mann, der im Beifahrersitz Platz genommen hatte, streckte seine Hand nach hinten und wollte mir zwischen die Beine langen. Ich wehrte mich und schlug seine Hand weg. Meine Mutter verfolgte den Hergang im Rückspiegel und lachte. Dieses höhnische Lachen versetzte mich in einen verachteten Zorn. Am liebsten hätte ich sie gewürgt.

„Schau, mal wie verklemmt sie ist", spottete sie, „das werden wir ihr augenblicklich vertreiben."

Wir kamen zu einem Restaurant. An einem Tisch wollten die beiden gerade eine Bestellung aufgeben. Ich packte mir allen Mut zusammen und pokerte: „So ihr beiden, ihr fahrt mich nach Hause oder ich werde diese Geschichte meinem Vater erzählen." In deren Augen war das ein all zu großes Risiko und demnach steuerten wir heimwärts.

Ich wollte Gott gefallen. Ich betete und besuchte die Messe. Als ich eine Messe vorbereitete, alberten der junge Priester und ich in der Sakristei herum. Ich gewann sein Vertrauen und plötzlich erzählte er mir, dass er von seinen Eltern zur Priesterweihe gedrängt wurde. Er sei der jüngste Sohn, weshalb er nach elterlicher Tradition, Priester werden sollte. Er hätte allzeit gerne eine Familie gehabt und hätte Stunden mit seinen Eltern darüber verhandelt. Doch die Gespräche blieben erfolglos. Diese Geschichte ging mir sehr nahe und ich hatte großes Mitleid mit ihm.

Da ich in der Pubertät war und mich langsam zu einer jungen Frau entwickelte, machte unsere enge Freundschaft im Dorf die Runde. Die Leute tratschten hinter unserem Rücken. Dass wir uns so gut verstanden, gefiel meinem Vater gar nicht. Ohne meines Wissen stattete er kurzerhand im Pfarrhaus einen Besuch ab. Der Priester erzählte mir nachträglich, dass mein Vater ihm Schläge angedrohte. Er solle sich von mir fernhalten, ansonsten würde er was erleben. Mein Vater hätte ihn am Kragen gepackt und ihn so fest an die Wand gedrückte, dass sogar das Kreuz in der Küche herunterfiel.

Ich war fassungslos und verstand es nicht. Immerhin war er Priester und ich wollte ins Kloster eintreten. In meinen Augen hatten wir keine böse Absicht. Ich diente Gott und der junge Priester verpflichtete sich dem Zölibat.

Mein Vater gab meinen Zwillingsbruder den Befehl, uns beide zu überwachen. Er folgte uns auf Schritt und Tritt. Ich fragte meinen Bruder, was der Blödsinn soll. Er meinte: „Du bist doch im Priester verliebt." Ich schüttelte den Kopf und hielt dagegen: „Du spinnst wohl!" Dann wiederum rechtfertigte mein Bruder, dass ihm aufgefallen sei, wie verliebt der Priester mich während der Messe ansah. Dieser Gedanke war absurd: ‚Ausgerechnet ein konservativer junger Priester soll sich in mich verliebt haben?'

Der Standpunkt meines Bruders machte mich unsicher. Aufmerksamer als sonst achtete ich auf das Verhalten dieses Priesters mir gegenüber. Mir fiel auf, dass er vermehrt meine Nähe suchte: ‚Vielleicht bilde ich mir das nur ein oder?'

Ich war ein pubertierendes junges Mädchen und war nicht mehr allzu abgeneigt von Jungs. Das andere Geschlecht weckte in mir das Interesse. Das führte zum inneren Konflikt. Hin und her gerissen, stand meine Welt auf einmal Kopf.

Je mehr ich ministrierte und mit dem Priester in Kontakt kam, desto stärker wurden meine Gefühle ihm gegenüber. In meiner Fantasie habe ich ihn ab und zu geküsst. Doch schnell versuchte ich diese Träume zu verdrängen: ,Das ist eine Sünde. Verdammt weshalb muss er ausgerechnet katholischer Priester sein?' Solange der Priester sich mir nicht näherte, hatte ich nichts zu befürchten. Alles blieb beim Alten. - Meine Andacht galt folglich diesem jungen Priester und nicht mehr gezielt dem richtenden Gott. - Allmählich verlor ich meine Angst vor Gottes Strafe.

Obendrein schien meine Mutter der Gedanke nicht los, dass ich später ins Kloster gehen wollte. Von meinem heimlichen Schwarm schien sie nicht viel mitbekommen zu haben und dementsprechend ließ ich sie in diesem Glauben. An ihrem lockerem Leben als Wirtin hatte sie großen gefallen und nahm es mit der Treue nicht mehr weiter ernst. Nichts hinderte sie daran, an ihrem Plan festzuhalten mein Bestreben ins Kloster zu gehen, auszutreiben. Es war ihr jedes Mittel recht. Mit diesem ekeligen Stammgast ist sie wahrscheinlich eine Affäre eingegangen und setzte ihn demnach auf mich an.

Da ich Michael Jackson Fan war, versuchte er mich mit Konzertkarten zu locken: „Hey, wenn du mit mir schläfst, schenke ich dir ein Michael Jackson Ticket, so kannst du deinen Traum verwirklichen einmal sein Konzert zu besuchen." Das waren seine perversen Worte. Ohne lange zu überlegen, erwiderte ich: „Eher bringe ich mich um, bevor ich mit dir etwas anfange. Du perverses Schwein!"

Er ließ nicht locker. So riss er mich eines Tages mit Gewalt in seinen Wagen und versuchte mich zu vergewaltigen. Im letzten Moment entkam ich diesem Verbrechen. Ich rannte nachts die Wiesen hoch und stellte mich fast über eine Stunde unter die Dusche. Seine widerlichen Berührungen fühlten sich wie klebrigen Schmutz auf meiner Haut an. Ich weinte bitterlich. Der Plan meiner Mutter ging wieder nicht auf. Demnach hörte ich eines Tages Schritte, wie sie die Treppe hoch zu meinem Zimmer kamen. Ich lag auf meinem Bett, die Türe öffnete sich. Sie hielt etwas Unkenntliches in ihrer Hand und forderte mich auf, vor ihr zu masturbieren. Nach diesem Ereignis plagten mich Suizidgedanken: ‚Gott hat mich verlassen. Ich will sofort sterben. Bitte, Gott sende mir einen Herzinfarkt, sodass ich endlich sterben kann.' Ich kniete vor Jesus nieder und betete: ‚Ist das mein Kreuz? Ich halte diesen Schmerz nicht mehr aus. Soll ich wirklich einen solchen Vater und eine solche Mutter ehren so lange ich lebe auf Erden?'

Ich resignierte und fiel in eine tiefe Depression. Es war unerträglich. Ich griff zum Medikamentenschrank um diese innere Leere, die sich in mir breitmachte, auszufüllen. Dauernd quälten mich Bauch- und Unterleibsschmerzen. Es folgten Albträume in denen ich etliche Male hörte, wie diese Schritte die Treppe hochkamen. Ich fand keinen ruhigen Schlaf mehr.

Ich erlitt eine Traumafolgestörung, die eine anhaltende Stressreaktion auf meine traumatischen Lebenserfahrungen war. In demselben Masse wirkte sich ein Trauma nicht nur seelisch aus, in gleicher Weise auch körperlich. Solche Umstände können dazu führen, dass der Organismus auf einem erhöhten Stressniveau verharrt und charakteristische Folgebeschwerden entwickeln. Einige Erlebnisse können Menschen so schwer emotional belasten, dass ein psychisches Trauma entsteht und sie nur mithilfe einer Therapie bewältigen können. Im Rahmen einer komplexen posttraumatischen Belastungsstörung kann im Verlauf der Erkrankung eine Vielzahl von Symptomen auftreten. Die Symptome zeigen große Überschneidungen mit anderen Krankheitsbildern wie zum Beispiel insbesondere der Borderline-Persönlichkeitsstörung.

Je schwerer die Depression, desto ausgeprägter sind in der Regel die begleitenden körperlichen Beschwerden. Starke begleitende Schmerzzustände, Schlafstörungen, Magen-Darmbeschwerden und Schwindelsymptome waren Anzeichen meiner psychosomatischen Krankheit. Wenn die Seele leidet, leidet gleichwohl der Körper. Er meldet sich, dass etwas nicht in Ordnung ist. Deshalb ist es wichtig herauszufinden, was die Ursachen solcher Beschwerden waren. In meinem Fall wirkten diese Misshandlungen auf meine Schulleistungen aus. Ich war zerstreut, schrieb schlechte Noten und geriet vermehrt in verschiedenen Konflikten mit Mitschüler sowie Lehrern. Häufig fiel ich auf und scheute mich nicht mehr Handgreiflich zu werden. In zwischen verging kein Tag mehr, an dem ich mich nicht am Medikamentenschrank meines Vater vergriff. Ich nahm was mir gerade so in die Hände fiel. - Hauptsache ich spüre was. - Ich zog mich in meine kleine Welt zurück, isolierte mich zunehmend von der Außenwelt.

Mein bester Freund ist die Einsamkeit

Trauer, Elend und Leid.
Mein bester Freund ist die Einsamkeit.
Nur die Einsamkeit blieb an meiner Seite, so viele Stunden ich mit ihr
schon verweilte.
So jung ich auch bin,
viele finden darin keinen Sinn.
Doch ich hör ihr zu.
Sie tröstet mich, gibt meiner Seele die Ruh.
Viele können ihre Stimme niemals hören.
Das Schweigen kann viele zerstören.
Trotzdem liebe ich sie - die Einsamkeit.
Nur so fühle ich diese Freiheit.
Spüre wie sie meinen Gedanken Flügel verleiht.
Sie trägt mich weit, weit fort von dieser Welt.
Sie trägt mich dorthin wo es mir gefällt.
Seite an Seite werde ich mit ihr gehn.
Darum können wir uns so gut verstehn.
Mein bester Freund ist die Einsamkeit.
Die Einsamkeit die mir Schutz verleiht.
Mein bester Freund ist die Einsamkeit .
Sie nimmt von mir fort, all mein Leid.
Hoffnung fühle ich nur dann, wenn ich alleine bin.
Denke nach. erkenne das Leben hat doch einen Sinn.
Alle die mir raten aus zugehn.
Sie können meine wahren Gründe nicht verstehn.

Gedicht © Rita Kuonen

Foto: Gemeinde Leuk-Stadt - Meinem damaliges Schulhaus der Realklasse

Foto: Norbert Burgener - Gemeinde Leuk-Stadt

Mein Dschihad im streng katholischen Rhonetal

Von 1991 bis 1994 besuchte ich die Realschule in einem Nachbardorf. Es war das kleine Städtchen Leuk-Stadt. Desgleichen wurde ich dort gemobbt. Es kam eine Zeit der Unruhe und Nervosität. Es war ein Übergang zwischen meiner spielenden kindlichen Fantasie und der Ernsthaftigkeit der Phase des Erwachsenenwerdens. Ich war eine Jugendliche in Depression, Verschlossenheit, gepaart mit trotziger Auflehnung, Streit und Zank gegen meine Eltern und Erzieher. Als Heranreifende war ich jetzt zu großen Dingen bereit, sowohl schlechten Elementen.

Es reichte nicht, dass allein meine Eltern meine Feinde waren, ich hatte erneut mit Mitschüler zu kämpfen. Erst zogen sie mir an der Tasche. Dann bekam ich sie an den Kopf geworfen. Sie stahlen mir das Pausenbrot, weigerte ich es herauszugeben, bestraften sie mich mit Verachtung und Spott. Sie schütteten vor meinen eigenen Füßen meine Getränke aus. Es ging so weit, dass einmal meine neuen Peiniger mir die Haare angezündet hatten. Sie nahmen Stifte weg und verprügelten mich. Eine Hölle, der ich nur schwer entkommen konnte und durch diese Hölle sollte ich wiederum weitere drei Jahre gehen. Ich flehte meine Eltern an, dass sie mich auf eine andere Schule schicken sollen. Sie verneinten. Es wurde weitgehend schlimmer, bis ich nicht mehr konnte. Dann schlug ich zurück und bedrohte die Mitschüler mit einem Bastelmesser. Sie bekamen Angst. Auf dem Schulhof schrie ich wie eine Irre umher und viel als Exzentrikerin enorm auf. Die Mitschüler hatten vor meiner Unberechenbarkeit solche Angst, dass daraufhin die Tyrannen einen großen Bogen um mich machten. Andere gingen zur Schuldirektion, so wurde ich oft ins Lehrerzimmer zitiert. Dort war ich nicht mehr gern gesehen. Keiner der Lehrer verstand meine Situation und noch weniger, hat es sie interessiert.

Die Tortur hatte bisweilen später noch Folgen.

Eine meiner damaligen besten Freundinnen war eine Muslimin aus dem Kosovo, weshalb ich oft mit meinen Eltern zusätzlich in heftigen Auseinandersetzungen geriet. Mein Vater war ein Rassist und jede andere Religion soll der ewigen Verdammnis geweiht sein. Seine Charaktereigenschaften äußerten sich durch übertriebene Einschätzung der eigenen Wichtigkeit und den großen Wunsch nach Bewunderung, welche er in Vereinen, Gewerkschaften und Parteien suchte. Er stand gerne im Mittelpunkt und jeder Widerspruch wurde gnadenlos bekämpft. Dem gegenüber stand meine Mutter als Atheistin, was sie zu einer herzlosen und gleichgültigen Person machte. Wie mein Vater dachte sie nur an sich selbst. Niemanden außer sich selbst duldete das Pärchen. Mit einem riesigen Ego ausgestattet, hielten sie sich für die Allergrößten. Ich war umgeben von selbstverliebten Eltern, die sich rücksichtslos nahmen, was sie wollten, und zudem andere hemmungslos herabsetzten, tyrannisierten und benutzten. Ich fühlte mich wie auf einem Boot, das sich auf stürmischer See befand und nicht wusste, in welchem Moment es untergeht.

In meinem Zimmer sang und tanzte ich wieder einmal zur Musik von Michael Jackson. Dieser schwarze, amerikanische Popsänger, der zu seinen Rhythmen sich geschickt zu bewegen wusste, von dem war ich als Jugendliche sehr angetan. Meine Tür öffnete sich und mein Vater betrat das Zimmer. Er belehrte mich eines weiteren religiösen Gebotes: „Du sollt keine anderen Götter haben neben mir." Damit breche ich das erste und wichtigste Gebot.

Allmählich ging mir dieser Gott, der eh immer auf der Seite meines Vaters war, langsam aber sicher auf die Nerven: ‚Ich kann diesem Gott einfach nichts recht machen.' - Und laut diesem Gebot kommt Michael Jackson als Zeugen Jehova und meine muslimische Freundin in die Hölle.

Bei jeder Gelegenheit versuchte mein Vater, mich irgendwie zu demütigen. Bei jeder Gelegenheit spottete er über Michael Jackson. Er hätte hier eine Schönheitsoperation gemacht, da wurde wieder ein Skandal aufgedeckt usw.

Als ich einmal von der Schule kam, waren all meine Poster mit Teufelshörnern bemalt worden. Ich versuchte sie auszuradieren, diese wurden jedoch mit einem Permanentstift besudelt. Ich weinte und war sehr traurig. Ich kam aus keinen Depressionen mehr heraus, all die Demütigungen wurden unerträglich. Zu Hause hatte ich Angst vor den Schlägen meiner Mutter, vor den Sticheleien meines Vaters, in der Schule hatte ich Angst vor dem Spott meiner Mitschüler. Erneut spielte ich mit dem Gedanken von Zuhause auszubrechen: ,Doch wohin?' Dann kam ich auf die Idee, freiwillig in ein Kinderheim zu ziehen. Ich rief das Jugendamt an. Diese nette Dame am Telefon teilte mir mit, dass mein Vorhaben zum vorn herein zum Scheitern verurteilt ist, da meine Großmutter im Vorstand sitzt. Von Zuhause konnte ich nicht wegrennen, da mein Onkel der Chef von der Kriminalpolizei Oberwallis war. Ein Cousin war bei der Kantonspolizei und ein weiterer Verwandter war Richter. - Es war ein Dilemma. - Der einzige Ausweg sah ich im Freitod. Den kündete ich meiner Mutter an. Sie verhöhnte mich: „Mach doch! Du bist eh nur ein Feigling, dann hätten wir endlich Ruhe von dir! Da ist die Tür. Geh, dich wir niemand vermissen."

Diese Worte werde ich in meinem Leben niemals vergessen. - Solche Worte sagten zu jener Zeit die Frau, die mich in ihrem Schoss getragen hat. - Ich plante im Zimmer meinen Selbstmord. Ich wollte kein Feigling sein: ,Der werde ich es beweisen! Die sollen meinen Sarg aus dem Zimmer tragen.'

Ich ließ mir verschiedene Suizidversuche durch den Kopf gehen und schrieb einen Abschiedsbrief in der Hoffnung, mein Vater würde erkennen wer Schuld an diesem Selbstmord hatte. Ich entschied mich mir die Pulsadern aufzuschneiden. Ich hörte laut Musik, damit keiner meine Schreie hören könnte, und legte meine Decke über, damit das Blut nicht auf Anhieb zu sehen ist. Ich nahm ein Paar Tabletten, vielleicht würde dadurch meine Schnittwunde weniger schmerzen. Mein Vorhaben wurde dreimal unterbrochen. Mein Vater betrat das Zimmer: „Rita, du hast mich gerufen. Was ist denn?"

Ich machte meinem Vater klar, dass ich ihn nicht gerufen hatte. Er solle mich endlich in Ruhe lassen. Ich wolle alleine sein. Beim dritten Mal hatte ich die Klinge beim rechten Arm bereits angesetzt. Dann stand mein Vater mit entsetzten an der Tür: „Was machst du da?" Erschrocken ließ ich die Klinge fallen. Mein Vater begriff und erkannte mein Leid: „Jetzt weiß ich, wer mich gerufen hat. Es war dein Schutzengel."

Ich konnte über meinem Schmerz nicht reden und überreichte ihm meine Tagebücher. Ich hoffte somit auf sein Verständnis. Er wollte mich nicht in die Klinik einweisen. Er habe Angst, dass ich nicht mehr rauskommen würde. Ich denke, es hatte einen anderen Grund. Mein Vater hatte Angst davor sein Gesicht zu verlieren. - Die Tochter eines ehemaligen Politiker und Autor will Selbstmord begehen, welch ein Aufsehen. - Ein weiteres Argument lieferte, dass die Wahrheit über all den Demütigungen herausgekommen wäre. Das hätte ein schlechtes Bild auf unsere Familie geworfen: „Meine Eltern waren narzisstische Tyrannen!"

Er versprach mir, dass meine Mutter mich nie mehr schlagen würde und dass er mich in Zukunft in Ruhe lasse. Es waren leere Versprechungen. Das Verhältnis zwischen meinen Eltern und mir, hatte sich nur wenig verbessert und schlussendlich verbrannte meine Mutter hinterrücks all meine Tagebücher. Die Wahrheit würde niemand interessieren, meinte sie nachträglich und ich solle endlich mit der Vergangenheit abschließen.

In der Schule blieb alles beim Alten. Im Religionsunterricht erzählte uns die Lehrerin vom liebenden und barmherzigen Gott. Jesus hätte uns die Botschaft der Nächstenliebe gebracht. Ich konnte diese Verschönerung der Bibel nicht stehen lassen: ‚Schließlich kannte ich das Alte Testament und dieser zornige Gott, der bei jeder Gelegenheit die Sünder bestraft, nur zu gut.' Ich musste der Lehrerin widersprechen: „Gott hat Babylon vernichtet. Sodom und Gomorrha wurden zu Schutt und Asche, und überdies wurde Lots Frau wegen ihres Ungehorsams in eine Salzsäule verwandelt. Das ist nicht alles, liebe Lehrerin, Abraham sollte seinen Sohn opfern. Wie können Sie sagen, dass Gott lieb ist?"

Die Lehrerin versuchte mir unmissverständlich weiß zu machen, dass durch das Neue Testament das Alte Testament abgelöst wurde. Jesus verkündete die Liebe. Ich konnte ihre Botschaft nicht aufnehmen. Wenn sein Diener Mose, wie Gott ein Mörder war, dann kann er kein liebender und barmherziger Gott sein. Das steht im Widerspruch! Vermehrt entgegnete ich dieser Religionslehrerin:„Moses erschlug einen Aufseher, der einen Hebräer geschlagen hatte. Mose hob seinen Stab und das Wasser des Schilfmeers teilte sich. Die Israeliten konnten trockenen Fußes durch das Schilfmeer gehen. Die Ägypter zogen hinterher und die ägyptischen Soldaten ertranken. Sie wollen mir also weiß machen, dass Gott ein liebender und barmherziger Gott ist? Er ist böse und straft alle Sünder!"

Der Religionslehrerin missfielen meine Widerlegungen. Durch meinen Vater wurde mein Gottesbild dermaßen deformiert, dass ich es nicht begreifen konnte, was die Lehrerin unterrichtete. An einem anderen Tag wollte einer meiner besten Schulfreunde, der Moslem war, am Religionsunterricht teilnehmen. Bevor der Unterricht begann, fragte ich ihn weshalb er komme. Er erklärte mir, dass er zum Christentum konvertieren möchte. Ihm gefalle dieser liebende Jesus. Ich schaute ihn erstaunt an und wusste nicht wovon er spricht.

Also dieser Jesus war für mich eine seltsame Figur. Dieser eigenartige Mann, der durchs Land zieht und von Liebe predigt, sich verspotten lässt und dann ohne Widerrede gekreuzigt wurde, konnte ich einfach nicht mehr ernst nehmen. Ich bohrte weiter: „Wie geht das, also du kannst von einer Religion in die andere wechseln?" Ich fand Gefallen an diesem Gedanken und wurde neugierig. Er erklärte mir, dass er den Religionsunterricht besuchen muss, damit er sich später taufen lassen kann. Das wollte ich genauer wissen: „Also könnte ich theoretisch ebenso deine Religion annehmen oder?"

Er bejahte und erklärte: „Bei uns ist das einfacher. Du sprichst das islamische Glaubensbekenntnis und wirst Moslem. Bei uns gibt es keine Taufe und du musst nicht zwingend einen Religionsunterricht besuchen."

Ich forderte ihn auf weiter zu erzählen. Dagegen blockte er ab. Er wollte nicht über den Islam sprechen. Unterdessen schmissen unsere Mitschüler mit Papier nach uns und hänselten: „So hört auf zu flirten ihr zwei Turteltäubchen!" Sie lachten uns aus. Darauf hin zwinkerte ich ihm zu: „Das zu unserem barmherzigen Christentum. Überlege es dir gut, wer du zu deinen Brüdern und Schwestern wählst."

Im gleichen Atemzug betrat unsere Religionslehrerin den Raum. Die Schüler spotteten und bewarfen uns indes weiter. Ich stand auf und bat die Lehrerin die Mitschüler zu ermahnen. Ungeachtet stellte sie sich auf deren Seite, sodass ich meine Sachen zusammen packte und den Unterricht verlassen wollte. Sie tadelte und drohte mir mit Nachsitzen. Lachend entgegnete ich ihr, dass ich aus der Kirche austrete, dies hätte nicht viel mit Nächstenliebe zu tun, was hier veranstaltet wird: „Ach, etwas möchte ich richtig stellen. Das Neue Testament löst das Alte Testament nicht ab, es ergänzt es lediglich. Also nicht wie Sie das behaupten, teilte mir unser Herr Pfarrer mit! Jesus sagt: ‚Ich bin gekommen um das Wort zu erfüllen, nicht um es abzulösen.

Ich bringe nicht Frieden sondern das Schwert.' Sehen Sie liebe Lehrerin, es ist ein böser Gott und deshalb bin ich jetzt raus!"

Sie forderte ein Schreiben inklusive Unterschrift meiner Eltern. Als ich den Unterricht verlassen wollte und eh ich an der Türe stand, kam längst mein Kumpel hinterher. Er begründete sein Handeln, indem er nicht bereit sei, einer solchen lieblosen Religion beizutreten: „Sie lassen diese Schikanen zu, dann bleibe ich doch lieber Moslem."

Draußen auf dem Schulhof stießen wir auf unserer anderen muslimischen Freundin. Ich bat sie darum mir von ihrem Glauben, des Islams zu erzählen. Sie erklärte mir, dass Jesus in der islamischen Lehre lediglich ein Mensch und Prophet gewesen wäre, nicht anders als Mohammed. Muslime glauben nicht an die Jungfräulichkeit Marias. Es sei unmöglich, dass ein Mensch ein Kind empfangen kann ohne Geschlechtsverkehr. Überdies könne Jesus nicht Gott und Mensch zu gleich gewesen sein. Es gibt nur einen Gott. Die Dreifaltigkeit gleiche eine Mehrgötzenanbetung.

Glaubt man der Bibel, dann hätte Gott zur Zeit des Moses Völkermorde und Tieropfer befohlen. Jesus von Nazareth lehrt jedoch: „Liebt eure Feinde; tut wohl denen, die euch hassen." (Lukas 6, 27). Das Opfern von Tieren lehrt er nicht. Stattdessen treibt er die Tierhändler aus dem Tempel hinaus. Ähnlich oder gleich lehrten bereits die Gottespropheten des Alten Testaments. Nach Jeremia zum Beispiel hat Gott keine Tieropfer befohlen (z. B. Jeremia 7, 21-23).

‚Hat sich Gott also geändert? Oder stehen hinter dem Gott der Bibel zwei Götter? Oder mehrere? Warum gibt es so viele Widersprüche in der Bibel? Und woran kann man sich halten?'

In ihrem aktuellen Katechismus erklärten die Religionspädagogen zu dieser Frage verbindlich: „Das Alte Testament bereitet das Neue vor, während dieses das Alte vollendet. Beide erhellen einander; beide sind wahres Wort

Gottes".

Wenn ein „wahres Wort Gottes" nicht übereinstimmt und sich gegenseitig widerspricht, dann wird dies in den Kirchen damit erklärt, dass Gott sein Denken bzw. sein Verhalten teilweise geändert habe, weswegen das Alte Testament durch das Neue Testament ergänzt worden sei. In der Bibel selbst steht übrigens geschrieben: „Ich, der Herr, ändere mich nicht." So heißt es im Alten Testament (Maleachi 3, 6). Und im Neuen Testament liest man: „Jesus Christus, gestern, heute und derselbe auch in Ewigkeit" (Hebräer 13, 8). Nicht nur, dass sich die Bibel innerhalb des Alten Testaments und des Neuen Testaments, dauernd widerspricht. Woran soll ich mich als Leserin halten? Widersprüche, die mir auffielen: wird der Mensch nach allen Tieren erschaffen oder davor? Einmal werden die Menschen nach allen Tieren erschaffen. Ein anderes Mal wird der Mann vor allen Tieren erschaffen. „Und Gott machte die Tiere des Feldes, ein jedes nach seiner Art und das Vieh nach seiner Art und alles Gewürm des Erdbodens nach seiner Art. Und Gott sah, dass es gut war. Und Gott sprach: Lasset uns Menschen machen, ein Bild, das uns gleich sei, die da herrschen über die Fische im Meer und über die Vögel unter dem Himmel und über das Vieh und über alle Tiere des Feldes und über alles Gewürm, das auf Erden kriecht. Und Gott schuf den Menschen zu seinem Bilde, zum Bilde Gottes schuf er ihn; und schuf sie als Mann und Frau." (1. Mose 1,25-27)

„Und Gott der Herr sprach: Es ist nicht gut, dass der Mensch allein sei; ich will ihm eine Gehilfin machen, die um ihn sei. Und Gott der Herr machte aus Erde alle die Tiere auf dem Felde und alle die Vögel unter dem Himmel und brachte sie zu dem Menschen, dass er sähe, wie er sie nannte; denn wie der Mensch jedes Tier nennen würde, so sollte es heißen." (1. Mose 2,18-19). Was stimmt jetzt?

Eine Frage schien mich brennend zu interessieren. Sollen

Kinder für ihre Väter büßen? „Denn ich, der Herr, dein Gott, bin ein eifernder Gott, der die Missetat der Väter heimsucht bis ins dritte und vierte Glied an den Kindern derer, die mich hassen, ..." (2. Mose 20, 5)

„Denn nur wer sündigt, der soll sterben. Der Sohn soll nicht tragen die Schuld des Vaters, und der Vater soll nicht tragen die Schuld des Sohnes, sondern die Gerechtigkeit des Gerechten soll ihm allein zugutekommen, und die Ungerechtigkeit des Ungerechten soll auf ihm allein liegen." (Hesekiel 18,20)

„Richtet die Schlachtbank zu für seine Söhne um der Missetat ihres Vaters willen, dass sie nicht wieder hochkommen und die Welt erobern und den Erdkreis voll Trümmer machen." (Jesaja 14,21)

„Die Väter sollen nicht für die Kinder noch die Kinder für die Väter sterben, sondern ein jeder soll für seine Sünde sterben." (5. Mose 24,16)

Das war nicht alles. Zumal ich nicht nur Unstimmigkeiten im Alten Testament fand, gleich viel fand ich im Neuen Testament. Hat Jesus sein Kreuz nun selber getragen oder nicht? „... und er trug sein Kreuz und ging hinaus zur Stätte, die da heißt Schädelstätte, auf Hebräisch Golgatha." (Johannes 19,17)

„Und als sie ihn verspottet hatten, zogen sie ihm den Mantel aus und zogen ihm seine Kleider an und führten ihn ab, um ihn zu kreuzigen. Und als sie hinausgingen, fanden sie einen Menschen aus Kyrene mit Namen Simon, den zwangen sie, dass er ihm sein Kreuz trug." (Matthäus 27,31-32)

Laut Bibel kann Gott angeblich nicht lügen. Trotzdem ist Gott an anderer Stelle sehr wohl unehrlich ... denn er unterstützt und verursacht Lügen! „... denn es ist unmöglich, dass Gott lügt ..." (Hebräer 6,18)

„Darum sendet ihnen Gott die Macht der Verführung, sodass sie der Lüge glauben, ..." (2. Thessalonicher 2,11) „Nun siehe, der Herr hat einen Lügengeist gegeben in den Mund aller deiner Propheten; ..." (1. Könige 22,23)

Dann stellte ich mir die Frage, was empfindet der biblische Gott etwa Reue? „... da reute es ihn, dass er die Menschen gemacht hatte auf Erden, und es bekümmerte ihn in seinem Herzen ..." (1. Mose 6,6) „Da gereute den Herrn das Unheil, das er seinem Volk zugedacht hatte." (2. Mose 32,14)

„Als aber der Engel seine Hand ausstreckte über Jerusalem, um es zu verderben, reute den Herrn das Übel ..." (2. Samuel 24,16)

Im Gegenzug stand wieder: „Gott ist nicht ein Mensch, dass er lüge, noch ein Menschenkind, dass ihn etwas gereue. ..." (4. Mose 23,19)

‚Wie konnte ich da die Bibel demnach ernst nehmen? Finde ich im Islam gewiss der wahre Glaube?'

Maria, die Mutter Jesu, hat im Islam eine außergewöhnliche Sonderstellung und Gott erklärt sie zur besten Frau der gesamten Menschheit, die er vor allen anderen Frauen wegen ihrer Frömmigkeit und Demut auserwählt hat.

„Und als die Engel sagten: O Maria, Gott hat dich auserwählt und dich rein gemacht und dich auserwählt vor den Frauen der Weltenbewohner! O Maria, sei deinem Herrn demütig ergeben, wirf dich nieder und verbeuge dich zusammen mit den sich Verbeugenden." (Koran 3:42-43)

„Als sie sich von ihrer Familie nach einem östlichen Ort zurückzog und sich vor ihr abschirmte, da sandten wir unseren Engel Gabriel zu ihr, und er erschien ihr in der Gestalt eines vollkommenen Menschen und sie sagte: ich nehme meine Zuflucht vor dir bei dem Allerbarmer, wenn du Gottesfurcht hast." Er sprach: „ich bin der Bote deines Herrn, auf dass ich dir einen reinen Sohn beschere." Sie sagte: „Wie soll mir ein Sohn geschenkt werden, wo mich doch kein Mann je berührt hat und ich auch keine Hure bin?" Er sprach: „So ist es; dein Herr aber spricht: „Es ist mir ein leichtes, und wir machen ihn zu einem Zeichen für die Menschen und zu unserer Barmherzigkeit, und dies ist eine beschlossene Sache." Und so empfing sie ihn und zog sich mit ihm an einen entlegenen Ort zurück. (Koran 19:16–22)

Diese Erklärung in der islamischen Lehre über die Empfängnis Jesu leuchtete mir eher ein als das Märchen der Jungfräulichkeit Marias. Zugleich mir die Überlieferung der islamischen Schöpfungsgeschichte plausibler schien, als die der römisch katholische Kirche. Zwar ist der Koran da etwas spartanisch mit den Erklärungen, aber in der Sure 23, 65 wird erklärt, dass der Himmel und die Erde zusammen waren. Allah trennte dann die Erde von dem Himmel und gab der Erde Luft. Weiter spricht der Islam davon, dass das Leben dem Wasser entsprungen ist.

Diese, ich sage jetzt mal Schöpfungsgeschichte, weicht deutlich von der alt testamentarischen Schöpfungsgeschichte ab. Dies erstaunt umso mehr, wenn man davon ausgeht, dass der Koran seinen Ursprung im Alten Testament der Bibel hat. Erklärlich wird, dass erst wenn man sich die vorgeschichtlichen Götterglauben anschaut. Da findet man im Glauben der Sumerer die Trennung von Himmel und Erde wieder. Es ist also anzunehmen, dass dieser Teil von Mohammed in den neuen Glauben eingeflochten wurde. Über dies widerspricht sie sich deutlich weniger der naturwissenschaftlichen Erkenntnisse als die des Christentums.

Meine Freundin brachte verschiedene Beispiele mit stichhaltigen Argumenten, die mich überzeugt haben. Allerdings wer war dieser Mohammed, von dem sie erzählte?

Der Prophet Mohammed wurde um das Jahr 570 n. Chr. in Mekka geboren. Sein Vater Abdullah, ein Kaufmann, starb vor seiner Geburt. Zu jener Zeit war es bei den reichen Familien Mekkas üblich, die Säuglinge zu Milchmüttern aufs Land in Pflege zu geben, weil das heiße Klima in Mekka der Gesundheit der Kleinen nicht zuträglich war. Dieser Sitte entsprechend wurde der kleine Mohammed zu einer Milchmutter bzw.

Amme namens Halimah gegeben.

Mit 25 Jahren war Mohammed noch ein unverheirateter Mann. Eine Seltenheit zu seiner Zeit, ohne Geld und Besitztümer stieß er auf dem Heiratsmarkt von Töchtern und Väter, auf Ablehnung. Zur Wüstenzeit konnten sich die Damen mit mehreren Ehemännern vergnügen. Sie blieben ein Leben lang bei ihren Mütter wohnen.

Die verschiedenen Götzenanbetungen und das machtgierige Byzanz stießen bei ihm auf Widerstand. Es wird Mohammed jedoch klarer, dass ihm das Leben als Karawanenführer nicht erfüllt. Auf den weiten Wüstenreisen sonderte er sich öfters ab von den Gefährten. Der Beginn einer Wahrheitssuche, die ihn weit wegführt vom Götzendienst und von dem Aberglauben seiner Vorfahren. Der Sinn des Lebens, der Zustand der Gesellschaft, Fragen, auf die er oft keine Antwort weiß, beschäftigen ihn in der Einsamkeit.

Als angesehener Karawanenführer heiratete er Khadija. Wegen seines guten Charakters nannten ihn die Leute Mohammed al-Amin, das bedeutet Mohammed, der Vertrauenswürdige. Er stieg öfter in einer Berghöhle Namens Hira, um dort in der Einsamkeit über Allah nachzudenken und zu ihm zu beten. Er war ungefähr vierzig Jahre alt, als er im Monat Ramadan wieder einmal zur Berghöhle Hira aufstieg. Da erschien ihm den Engel Gabriel. Der Engel offenbarte ihm die Worte Gottes.

Er soll die Worte Allahs, dem einzigen Gott verkünden und aufschreiben lassen. Auf diese Weise erhält Mohammed im Laufe der nächsten Jahre Anweisungen und Regeln Allahs. Sie offenbarten ihm über 22 Jahre die Versen des Korans. Allahs Auftrag an Mohammed war die Verkündung der Worte über des einen wahren Gottes.

Es entsteht eine Religion, in der die Worte und die Gesetze Gottes vollkommen und unantastbar sind. Vor Mohammed gab es bereits andere Propheten wie Abraham, Mose oder Jesus. Sie alle sind Diener Allahs und verkünden seinen Willen. Doch er macht sich mit seiner Lehre von der neuen Gottesordnung desgleichen Feinde. Die reichen Händler fürchten vor allem um ihre Einnahmen aus dem Geschäft mit den Pilgern. Nein, Respekt vor Allah und den Mitmenschen ist zu dieser Zeit längst noch nicht jedermanns Sache.

Als sein Onkel und seine Frau starben, war seine Stellung in Mekka geschwächt. Seine Feinde planten hinter seinem Rücken einen Mordanschlag auf ihn. Bekanntlich fürchteten sie, er könnte politisch an Macht gewinnen. Mohammeds Worte stoßen bei denen, die das Sagen hatten auf Misstrauen, Zweifel und Ablehnung. Die Anfeindungen gegen Mohammed und seine Anhänger gingen sogar so weit, dass Mohammed 622 nach Christus aus Mekka fliehen muss. Gott hat ihm befohlen, nach Medina zu gehen. Es gelang ihm, die dortigen Stämme von der neuen Gottesordnung zu überzeugen und sie zu vereinen. Die Auswanderung der Muslime ins Exil war der Anfang eines neuen Zeitalters. Mohammed schlichtete den Konflikt in Medina zwischen drei Religionen. Alle drei Religionen erhielten die gleichen Rechte.

Wenige Jahre später zog Mohammed mit seinen Gefolgsleuten wieder nach Mekka, diesmal um die Stadt zu erobern. Obwohl er viel weniger Kämpfer auf seiner Seite hat, gewann er die Schlacht um die Stadt. Er ließ die Götterstatuen aus der Kaaba entfernen und ernannte das Gebäude zum „Haus Gottes".

632 nach Christus starb der Prophet in Medina. Erst zwanzig Jahre nach seinem Tod schrieben seine Anhänger die Worte Allahs auf und das heilige Buch des Islam, der Koran, entstand.

Mein Gottesbild veränderte sich. Ich fand Parallelen zu Mohammeds Leben, wie ich musste er bereits mit acht Jahren hart arbeiten und wie ich war er sprichwörtlich elternlos.

Dieser Allah, wie die Muslime ihn nennen, war so viel mächtiger als unser Gott Jahwe, der so skrupellos seinen Sohn auf die Welt sandte und zuschaute, wie man ihn ans Kreuz schlug. Er hat nicht einmal auf sein Rufen gehört, als er darum bat, den Kelch an ihn vorbeiziehen zu lassen!

Jesus sah ich damals in einer sehr schwachen Position. Im Gegenzug zu Mohammed, der so viel Macht bekam und dieser auserwählte Prophet hatte sich wie ein Mann zur Wehr gesetzt. Ähnlich wie ich, ließ er sich in Medina nichts mehr gefallen. Er zögerte nicht das Schwert zu ziehen, um sich durchzusetzen. Ich konnte mich mit Mohammed besser identifizieren, da ich von Liebe wenig Ahnung hatte. Meine lieblose Familie, mit all den Demütigungen, ist es unmöglich gewesen Jesus anzunehmen. Dieser Prophet schien mir so schwach wie ein Kind zu sein.

Im Zuge mehrerer Karawanenüberfälle ging Mohammed mit seinen Muslime siegreich hervor. Er war nicht nur ein hervorragender Krieger, dabei derart geschickt im Verhandeln, in dem er zwischen Konfliktparteien Friedensverträge geschlossen hatte. - Einen solchen Friedensvertrag gab es bei meiner Familie nicht. - Ich sah mich eher im Krieg und meine Familienmitglieder als meine Gegner, die hinter meinem Rücken meine Niederlage planten. Mein Dschihad kannte eine solche Auffassung nach Sure 2,190: „Und kämpft um Allahs Willen gegen diejenigen, die gegen euch kämpfen! Aber begeht keine Übertretung, indem ihr den Kampf auf unrechtmäßige Weise führt! Allah liebt die nicht, die Übertretungen begehen!"

So kämpfte ich im Stillen gegen die, die gegen mich kämpften. Mohammed mein Prophet musste sich ständig mit den Vorwürfen auseinandersetzen, dass er nur Märchen aus alter

Zeit ausgrabe (z. B. Sure 21,5), dass er nur die Lehren anderer kopiere (16,103), dass er lüge (3,184), dass er zaubere, (54,2) und dass er besessen sei (68,2). Mit ähnlichen Vorwürfen musste ich mich meiner Familie stellen, einzig in einer anderen Form und in einem anderen Zusammenhang.

Die wenigen Suren, die ich von meiner Freundin hörte, schienen mir klarer und verständlicher zu sein. Das Neue und das Alte Testament widersprachen sich zunehmend, dass ich nicht mehr klar denken konnte. Ich zweifelte am Glauben des Christentums. Zwar hörte ich mir gerne die Gleichnisse Jesu an, jedoch wusste ich nichts damit anzufangen.

Nun musste ich mir etwas einfallen lassen, wie ich die Unterschrift von meinem Vater bekommen kann, damit ich dem Religionsunterricht entkomme. Mir fiel was ganz Besonderes ein. - Ich wusste, mein Vater war ein streng konservativer Katholik. - Ich erzählte ihm, wie die Religionslehrerin behauptete, dass Gott nie bestrafen würde und dass das Alte Testament keine Gültigkeit mehr habe, da es vom Neuen Testament abgelöst wurde. Ich erklärte ihm, dass ich die Zeit mit lernen besser nützen könnte. Sein Machtinstrument war in Gefahr und ich entlockte zweifelsohne seine Unterschrift.

Erneut versuchte ich, mehr über den Islam herauszufinden. Meine Freundin verstand nicht so ganz, weshalb ich dermaßen am Islam interessiert war. Irgendwann stieß ich auf ein Buch, in dem der Islam besser beschrieben wurde. Die arabische Kultur faszinierte mich und mit der Zeit konvertierte ich heimlich zum Islam. Ich sprach in meinem Zimmer die Schahada, also das islamische Glaubensbekenntnis. Ich entschied mich, nach dem Islam leben zu wollen und versuchte dies heimlich mit den fünf Säulen des Islam. Ich betete, fastete im Ramadan und fand so zu meinem all barmherzigen Allah. Augenblicklich fing mein Dschihad im streng katholischen Rhonetal an.

Der Begriff Dschihad in seinem Ursprung bedeutet „der Weg

Gottes" oder „sich Mühe geben", was laut islamischen Geistlichen keineswegs für Gewalt und Blutvergießen steht. Das arabische Wort Dschihad bedeutet wie bereits erwähnt „Bemühung" oder „Anstrengung" und gehört zu den Begriffen, die am häufigsten missverständlich übersetzt werden.

Schließlich hatte ich ein Gott gefunden, der an mir Gefallen hatte. Der strafende Gott, der allzeit auf der Seite meines Vaters war, rückte in den Hintergrund. Fortan war ich eine Dienerin Allahs, der mich für meine Bemühungen belohnen wird.

Ich war bestrebt die fünf Säulen des Islams einzuhalten. Es sind die wichtigsten Regeln für einen Moslem. Sie setzen sich aus dem öffentlichen Glaubensbekenntnis, dem täglichen rituellen Gebet, der sozialen Spende, dem Fasten während des Ramadan und der Wallfahrt nach Mekka zusammen.

„Ich bezeuge: Es gibt keinen Gott außer Allah und ich bezeuge, dass Mohammed der Gesandte Allahs ist."

Das islamische Glaubensbekenntnis hat eine Besonderheit gegenüber allen anderen Bekenntnissen. Während die anderen Bekenntnisse mit „Ich glaube an ..." beginnen, beginnt das islamische Bekenntnis mit einer deutlichen Ablehnung, was insbesondere im arabischen Wortlaut deutlich wird. Es beginnt mit „la" (nein), was eine Verneinung und Lossagung ist, denn erst wenn man sich von allem Falschen trennt, kann man die Wahrheit annehmen. Erst wenn das schmutzige Glas von allem Schmutzigen gereinigt wird, kann es sauberes reinigendes Wasser aufnehmen. Mit diesem schmutzigen Glas identifizierte ich diesen quälenden, strafenden Gott, der all die Demütigungen gegenüber mir zuließ. So wie er zuließ, dass man seinen Sohn ans Kreuz nagelte.

Ich dachte: ‚Allah ließ nicht zu, dass Mohammed verlieren würde.'

Immerhin hatte er viele Kriege gewonnen und der Koran hat sich über Länder verbreitet. - Er hat sich sogar bis in ein rund

300 Seelendorf verbreitet, so mächtig ist Allah. - Ich war überzeugt, dass ich als Dienerin Allahs über meine Familie siegen würde.

Ich hatte Gefallen am rituellen islamischen Gebet. Jedoch betete ich nicht, wie vorgeschrieben fünf Mal am Tag, lediglich zwei Mal täglich. Die Verneigung vor Allah mit dem Kopf zur Erde stellte für mich ein besonders Zeichen der Liebe und Respekt gegenüber Gott dar. In jeder Verneigung verspürte ich eine tiefe innere Zufriedenheit und Ruhe, die ich in der katholischen Kirche nie wahrgenommen habe.

Des Weiteren sollte ein Moslem einem Menschen in Not eine helfende Hand reichen. Als Fundament meines neuen Glaubens ist die Zakat religiöse Pflicht und soziale Verantwortung. Anders als die Sadaqa ist sie keine freiwillige Spende. Allah segnet uns mit materiellem Reichtum und fordert uns auf, jedes Jahr einen festen Anteil davon mit Bedürftigen zu teilen. Ein einzigartiger Weg, eine Brücke zwischen Arm und Reich zu bauen und Allah näherzukommen. ,Nun wie wollte ich das im Dorf umsetzen?' Ich hatte nichts zum Spenden. Ich entschloss mich den Menschen Zeit zu schenken. Ich wusste, im Dorf waren viele einsame ältere Menschen, die sich sicher über Besuch freuen würden. Ich machte im Dorf die Runde, klingelte und fragte, ob sie sich ein wenig Gesellschaft wünschen. Diese Geste kam gut an und ich war mir sicher, dass mein Zakat Allah gefallen wird.

Im Wissen um den Skandal des Fastenopfers, in dem die Armen einen Bruchteil dessen erhalten was gespendet wurde, hatte die Spende in der katholischen Kirche für mich keinerlei Bedeutung mehr. Diese lächerlichen 20 Rappen, die in der Opferkasse landen, ich fragte mich oft wo das eingesammelte Geld hingeht. Ich erhielt nie eine Antwort.

Laut Koran Sure AT-Tauba, Vers 60 ist die Zakat für die Armen; die Mittellosen; diejenigen, die sie einsammeln; um die Herzen der Leute nahe zu bringen; für die Befreiung von Sklaven; die Verschuldeten; die Ausgabe auf dem Wege Allahs und die Reisenden, gedacht.

In all meinen Bemühungen wurde ich unumgänglich dazu angeleitet, im Restaurant mitzuhelfen. Ich trug kein Kopftuch. Ich durfte nämlich nicht auffallen. Mein Glaube musste geheim bleiben. Nichtsdestotrotz versuchte ich meine weiblichen Reize zu verhüllen, wie es vom Koran vorgeschrieben wird.

Ich bat meine muslimische Freundin um Rat wie sie das mit ihrem Glauben begründet kein Kopftuch zu tragen. Sie erläuterte, dass es in der islamischen Welt keine Einigkeit darüber gäbe, ob und in welcher Form sich Frauen in der Öffentlichkeit verhüllen müssten. Der Wortlaut des Koran gäbe hierzu keine eindeutige Antwort. Sie erklärte mir weiter, dass einige Rechtsschulen aus verschieden Suren eine Pflicht zur Verhüllung abgeleitet hätten. In meinem Buch fand ich die Sure 24,31 und da ging nicht hervor, dass ebenfalls der Kopf bzw. die Haare bedeckt sein sollten. Die Sure 33:59 schafft keine Klarheit. Ich fand nur folgenden Text: „Und sprich zu den gläubigen Frauen, sie sollen ihre Blicke senken und ihre Scham bewahren, ihren Schmuck nicht offen zeigen, mit Ausnahme dessen, was sonst sichtbar ist. Sie sollen ihren Schleier auf den Kleiderausschnitt schlagen und ihren Schmuck nicht offen zeigen, es sei denn ihren Ehegatten ..."

Schmuck wird häufig übersetzt als Reize und Kleiderausschnitt wird häufig übersetzt als Busen. Getrost konnte ich ohne Kopftuch herumlaufen. Ich bedeckte meine weiblichen Reize, trug lange Ärmel. Bei unseren Gästen stieß meine Mode auf wenig Verständnis. Die Gäste fingen an, zu reklamieren. Sie sagte zu meiner Mutter, dass das junge Mädchen mal was Reizvolleres anziehen soll. Meine Mutter bestand darauf, dass ich künftig kurze Röcke und schöne Blusen anzuziehen hätte. Dem widersetzte ich mich. Zumal mein Glaube nicht der einziger Grund hierfür war. Mein Glaube verhalf mir zusätzlich mein anderes Geheimnis zu verschleiern.

Die Auseinandersetzungen mit meiner Mutter wurden heftiger und meine Mutter scheute nicht zu zuschlagen. Daraufhin ergriff ich diese kleine mollige Frau und mit einer Wucht drängte ich sie zur Wand. Ich stürzte mich auf sie. Ich holte mit der Faust aus und wollte mit voller Wucht gegen sie schlagen. Im letzten Moment hielt ich davon ab: „Wenn du mich noch einmal schlägst, dann wirst du was erleben! - Ich werde dir all die Schläge verpassen, die ich über all die Jahre einstecken musste. - Ich werde nicht davor scheuen, was das für Folgen haben wird." Zum ersten Mal in meinem Leben erblickte ich in ihren Augen eine gewaltige Angst, sodass ich von ihr abließ. Ich zog mich in mein Zimmer zurück. Ich hatte selber nicht begriffen, was in dem Moment in mir vorging. Ich veränderte mich. Ich verlor die Angst und den Respekt vor meinen Eltern.

In der Schule planten die Lehrer ein Klassenlager. Ein Albtraum sollte wahr werden. Wenn ich bereits daran dachte, quälten mich Bauchschmerzen: ‚Wie soll ich fünf Tage Klassenlager aushalten?'

Auf dem Schulhof sollten wir den Bus betreten, der uns in die hügelige Landschaft des Kanton Juras fahren soll. Der Bus war randvoll, ein Gedrängel links und rechts. Es war laut, stickige Luft machte sich breit. Der Busfahrer ließ die Lüftung an, jedoch reichte dies nicht zur Zirkulation. Es war zu heiß und schwül draußen. Die Sonne brannte und ich wäre am liebsten mit einem Schleudersitz geflohen. Zum Frühstück hatte ich keinen Bissen runter gebracht und bei mir kam ein mulmiges Gefühl hoch. Im Bern machten wir einen Zwischenhalt. Die Schüler standen vor den öffentlichen Toiletten Schlange. Ich saß auf einer Mauer und auf einmal spürte ich, es trat Blut aus der Nase aus. Zwei Taschentücher füllten sich und ich konnte es nicht mehr stoppen. Eine Begleitung versuchte es mit blutstillender Watte, sichtlich wurde diese durchnässt, zwei, drei, vier und schließlich fünf Röllchen mussten gewechselt werden. Nichts hat geholfen. Lehrer waren ratlos. Sie fragten sich: „Müssten wir sie in den Notfall fahren?" Daraufhin trat eine mittelreife Dame vor mich hin, sie bat der Begleitung Platz zu machen: „Hör mal Mädchen!", und beugte sich über mich, während dem ich den Kopf immer noch in den Nacken legte. Ich blickte sie fragend an und zog meine Augenbrauen hoch. Sie fuhr fort: „Könnte es sein, dass du gar nicht mit willst? Ich denke, dein Nasenbluten hat eine psychische Ursache. Willst du lieber nach Hause fahren? Was ist los?" Tja, zwar wäre es mir zu Hause nicht besser ergangen. Die Frage kam für mich so überraschend, dass ich zuerst keine Antwort wusste. Es war das erst Mal, dass sich jemand für mich interessierte. „Ändert die Antwort was? Sie lassen mich eh nicht Heim oder?" entgegnete ich ein wenig spöttisch und fuhr weiter: „Der einzige Ausweg für mich wäre, dass ich ein Bein brechen würde. Dann käme ich wenigstens ins Spital." Sie ließ nicht locker und forderte mich heraus. Ich wusste nicht, dass sie eine Mutter eines anderen Schulmädchens war. „Nein, ich kann wahrscheinlich nichts daran ändern, dass du mitfahren musst. Jedoch kann ich dafür sorgen, dass die anderen Mädchen dich in Ruhe lassen, solange wir im Lager sind. Ich werde sie genau beobachten und sollte was sein, kommst du zu mir. Weil ich habe die Macht sie zu bestrafen!" versicherte sie mir.

Tatsächlich wurde ich im Lager die Zeit über vom Mobbing verschont. Die Einsamkeit war dennoch unerträglich. Die Schüler wurden in Mädchen- und Bubenzimmer getrennt untergebracht. Sie soffen heimlich auf den Zimmern Alcopops, tauschten sich die Zimmer und obendrein gab es verdorbenes Essen, sodass die Mädchen sich abwechslungsweise auf der Toilette aufhielten. Es war überaus schrecklich und ich war Heil froh, wieder zu Hause zu sein. Dort wartete wenigstens ein

Einzelzimmer auf mich.

Die innere Leere füllte Allah in mir auf. Die Zeiten des Schweigens waren vorbei. Wie mein Prophet griff ich sinnbildlich zum Schwert. Ähnlich wie er in Medina wollte ich endlich Gehör und wollte mich gegen diese Ungerechtigkeit durchsetzen. Ungeachtet dessen zog ich bereits über eine längere Zeit mir selber Verletzung zu. Weshalb ich dies tat, konnte ich mir nicht erklären. Ich folgte einfach meinen Instinkten. Sobald ich diesen Schmerz der Klinge auf meiner Haut spürte, erfuhr ich eine ungeheure Erleichterung. Es war, als würde ich all den Druck in mir, mit einem Schnitt aushauchen. Meine Arme waren übersät von kleinen Schnitten und unter meiner Schulmappe lagen Medikamente, die ich aus meines Vaters Schrank entwendete hatte. Ich nahm eine Tablette und kniete vor Allah nieder.

Heute begreife ich, was damals mit mir geschah. Es war die Anfangssymptomatik meine Borderline Persönlichkeitsstörung. Das Borderlinesyndrom ist eine Persönlichkeitsstörung, die Fachleute im „Grenzbereich" zwischen neurotischen und psychotischen Auffälligkeiten ansiedeln. Die Betroffenen leiden unter starken Stimmungsschwankungen und reagieren vor allem innerhalb zwischenmenschlicher Beziehungen extrem impulsiv und instabil. Anders als von vielen vermutet, zeigt sich das Borderlinesyndrom bei Kindern nicht nur durch Selbstverletzung. Sie zeigt sich vor allem in einer emotionalen Instabilität. Eben diese weckte in mir, wie übrigens bei vielen anderen Kindern, den Drang mir selbst Schmerzen zuzufügen, um dem inneren, emotionalen Druck ein Ventil zu geben. Der Name dieser Krankheit stammt aus einer Zeit, als die Störung für die Grenze (engl.: Borderline) zwischen einer Neurose und einer Psychose gehalten wurde.

Niemandem schöpfte Verdacht, dass ich psychisch krank geworden bin. Viele meiner Veränderungen wurden als

Pubertät abgetan. Weder Geschwister, Eltern noch Lehrer wollten etwas davon gewusst haben. Ich war einfach dass schwer pubertierende Mädchen, dass ab und zu in die Schranken gewiesen werden musste.

Mit meiner Borderlinestörung hatte ich Probleme, meine Gefühle zu steuern, die Regulation meiner Emotionen war gestört. Ich litt an starken Gefühlsschwankungen, an schweren Störungen des Selbstwerts und lehnte mich und den eigenen Körper ab. Ich konnte nur schwer Beziehungen eingehen, litt jedoch im Gegenzug am Alleinsein. Ich konnte meine Emotionen nicht mitteilen und explodierte gleichsam, da ich kein wirkliches Regulativ hatte, um den Gefühlsausdruck zu dosieren. Ich konnte meine Gefühle nur in Gedichten und in Tagebücher festhalten.

Ich dachte an Suizid oder betäubte mich mit Medikamenten. „Zu betonen ist freilich, dass Selbstmordgedanken, Drogenkonsum und selbstverletzendes Verhalten derart im Rahmen anderer Störungen vorkommen, etwa bei Depression, bei Suchterkrankungen oder bei posttraumatischen Störungen. Man darf also nicht automatisch auf eine Entwicklung des Borderlinesyndroms schließen", erklären Fachärzte.

Impulsives und selbst schädigendes Verhalten ist meist ein misslungener Versuch, mit der plötzlich auftretenden, intensiven und oft schwer zuordenbaren inneren Anspannung umzugehen. Borderline zählt zu den Persönlichkeitsstörungen und beginnt oft in der Kindheit und Jugend. Die Störung führt zu starken persönlichen Leiden und ist meist mit deutlichen Einschränkungen der beruflichen und sozialen Leistungsfähigkeit verbunden.

Im Grunde genommen hätte ich Hilfe gebraucht. Meine stummen Schreie schienen nur Mohammed und Allah gehört zu haben. Wie Mohammed befand ich mich im Krieg. Die Leute nahmen ihn, wie mich, nicht besonders ernst. Seine Anhänger waren in der Minderheit und mehr als geduldig die Anfeindungen zu ertragen.

Ich war im Dschihad und war der Auffassung in drei Richtungen zu kämpfen. Erstens gegen mich selbst, gegen meine Eltern und schließlich gegen die Mitschüler. Ich strebte nach Selbstdisziplin und um die Bekämpfung der eigenen Schwäche. Ich kämpfte gegen Aggressoren, und wenn ein muslimisches Land angegriffen wird, dann hat es das Recht, sich zu verteidigen. So verteidigten ich mich gegen meine Eltern, Lehrer und schlussendlich gegen meine Mitschüler. - Ich durfte mich bei Angriff zur Wehr setzen und das tat ich. - Bekanntermaßen war ich nicht der Aggressor, vielmehr das Opfer. So ging es Tag ein und Tag aus.

Unter meiner Schulbank fand ich seit einigen Tagen aufs neue Zettelchen auf denen eine Notiz stand wie: „Rita ich will dich ficken." Ich fühlte mich belästigt und ich musste mir Gedanken machen, ob dies eine Anspielung auf eine geplante Vergewaltigung sein könnte. Es war unbegreiflich, immerhin tarnte ich mich als Punk. Meine religiösen Werte vertuschte ich in dem ich lange Röcke und Langshirts trug und das im Sommer wie im Winter. Es gab keinen Grund sich von mir sexuell angezogen zu fühlen. Mit diesen Zetteln wandte ich mich Hilfe suchend an die Lehrerschaft. Diese taten solche Anspielungen als kleiner Bubenstreich ab. Ich machte sie darauf aufmerksam, dass ich Eigenjustiz verrichten würde, falls sie nichts dagegen unternehmen. Ich musste zusehen, dass ich rein bleibe, sodass ich gegebenenfalls jungfräulich eine Ehe eingehen kann. Ich zeigte die Zettelchen meiner muslimischen Freundin: „Schau mal, was denkst du, wer könnte dies geschrieben haben?"

Sie nannte mir einen Namen. Dieser Junge war eine Klasse unter mir. Er war Albaner, demnach ein Moslem.

„Was soll das? Er ist Moslem, was denkt er sich?" schimpfte ich.

Meine Freundin argumentierte seine Handlung, dass Ungläubige in deren Augen weniger Stellenwert haben.

Ich quetschte sie aus: „Ist das so? Steht im Koran, dass Christen und Juden Ungläubige sind?" Sie liess den Kopf senken, nach einer kurzen Weile erwiderte sie: „Nein, eigentlich nicht! Laut Mohammed sind Schriftgläubige, wie Christen und Juden, auch Gläubige. Solange sie die Lehre des Islams nicht kennen, gelten sie als Gläubige und es gibt in der Regel kein Zwang im Glauben." Ich löcherte sie mit Fragen und sie wunderte sich, weshalb ich so viel über den Islam wissen wollte. Ich verriet ihr mein Geheimnis. Sie starrte mich erstaunt an und fragte mich, ob mir bewusst sei, dass ich nach meiner Schahada keinen Andersgläubigen mehr heiraten dürfe. Sie müsse nach ihrer Schulzeit einen Mann heiraten, den sie einmal in ihrem Leben gesehen habe und dieser Gedanke gefiel ihr nicht. Es sei im Kosovo und in vielen islamischen Ländern so üblich, dass eine Frau zwangsverheiratet werde. Das wollte ich genauer wissen: „Steht das genauso im Koran?" Sie verneinte. Es habe zwar nichts mit der Religion zu tun, es wäre Tradition und kulturell bedingt. Sie räumte ein, dass selbst bei einer strengen Auslegung des Korans eine Frau durchaus in eine Ehe einwilligen müsse, sonst könne die Ehe nicht geschlossen werden. Kaum eine Frau wage es dem Vater zu widersprechen.

Der elende Schultag ging zu Ende. Diese Begebenheiten musste ich verdrängen. Zu Hause stand ich vor einem verschlossenen Medikamentenschrank. Ich war außer mir und stampfte: ‚Wo ist der Schlüssel? Verdammt was soll der Scheiß?' Ich zitterte vor Wut. Ich konnte den Schlüssel einfach nicht finden.

Beim Abendbrot erfuhr ich, dass mein Vater künftig den Medikamentenschrank verschlossen lässt, weil er vermutet, dass sich jemand ungefragt daran bedient. Ständig seien die Medikamente leer. Ich ließ mir nichts anmerken. Wie ein Gedankenblitz schoss mir durch den Kopf: ‚Ich bin am Ende.

Jetzt bin ich geliefert!' Andererseits machte sich langsam mein Körper bemerkbar. Ich zitterte am Leib, kalter Schweiß breitete sich über meinen ganzen Körper aus und ich hatte das Gefühl, dass jedes einzelne Glied schmerzt. Ich verspürte Todesangst. Ich ging in meinem Zimmer rauf und runter. Ich legte mich nieder, stand wieder auf, setzte mich auf den Stuhl und stand wieder auf. Die Schmerzen waren kaum mehr auszuhalten, sodass ich mich niederlegte und ins Kissen beißen musste. Ich betete unaufhörlich. Stunden vergingen und erschöpft schlief ich ein. Einen Albtraum nach dem anderen folgten. Ich sah, wie ich im Zimmer wehrlos auf dem Bett lag. Ich hörte draußen Gelächter und am Fenster klopften meine Mitschüler. Sie spotteten: „Schau mal dieser Junkie. Sie wird wahrscheinlich an ihren Medikamenten verenden." Als ich aufwachte, wurde mir bewusst, dass ich abhängig bin. Das Teufelszeug wollte ich nie mehr anfassen. Die Entzugserscheinungen ließen nach.

Ich wendete mich vor Schulbeginn an meine muslimische Freundin: „Was machen Muslime, wenn sie eine Sünde wie eine Sucht begehen?" Sie antwortete mir, es wäre eine große Sünde. Wenn man die Sünde bereut, würde Allah sie vergeben. Damit Allah die Abkehr von den Sünden als gültig anerkennt, müssten Pflichtbestandteile erfüllt werden. Eine davon sei die Reue. Die Sünde dürfe nicht weiter begangen werden und man solle Allah um Vergebung bitten. - Das tat ich.

Auf dem Schulhof traf dieser Junge, der angeblich die Zettelchen geschrieben hatte, ein. Meine Freundin fasste ihn am Oberarm und schimpfte: „Spinnst du, lass meine Freundin in Ruhe! Sie ist eine von uns." Er spuckte auf den Boden, und als er weitergehen wollte, rief sie ihm etwas auf Albanisch hinter her. Er glaubte ihr wohl nicht.

Im Schulzimmer setzten wir uns an die sogenannte Schulbank. Ich zog wiederholt ein Zettelchen hervor und flüsterte ihr zu: „Die Lehrer unternahmen tatsächlich nichts."

Als die Pausenglocke erklang, war ich fest entschlossen, mich auf dem Schulhof auf ein Podest zu stellen. Ich hielt die Zettelchen hoch und rief laut: „Wer hat diese schmuddeligen Zettelchen geschrieben?"

Vor mir standen fünf Albaner, vier davon machten einen Schritt zurück und genau der Junge, der meine Freundin verdächtigt hatte, blieb stehen. Ich sprang runter und rannte auf ihn zu. Ich packte ihn wie fremdgesteuert an die Haare, zog ihn zum Schulbrunnen hin, der wenige Meter vor uns stand, und tauchte seinen Kopf ins Wasser. Dann hob ich seinen Kopf wieder aus dem Wasser und ermahnte ihn abermals, solche schmutzigen Gedanken aus dem Kopf zu schlagen während ich seinen Kopf erneut ins Wasser tauchte.

Einen Kreis hatte sich um uns gebildet, die das Geschehen fassungslos beobachteten. Zwei Lehrer packten mich daraufhin links und rechts am Oberarm und führten mich ins Lehrerzimmer. Ich kassierte eine Verwarnung und sie forderten eine Entschuldigung dem Jungen gegenüber. Dem widersetzte ich mich, schließlich war ich Opfer einer sexuellen Nötigung. Mein Vater wurde informiert und konnte mein Handeln vollkommen nachvollziehen. Zum meinem großen Erstauen, bekam ich das erste Mal von meinem Vater recht. Ich hoffte so sehr, dass nun all die Demütigungen ein Ende haben, wogegen ich des Besseren belehrt wurde.

Es gibt jemand der über uns steht

Wenn man sich unverstanden fühlt,
nur noch die Leere in sich spürt.
Der Weg voller Dunkelheit nicht mehr sieht,
die Depression über einen siegt,
weiß man doch, es muss weiter gehen,
Allah ist es - er kann alles sehen.
Irgendwann, weiß ich - ich werde erlöst.
Auch wenn man im Moment entblößt - dasteht,
es gibt jemand der alles versteht.
Allah sieht jede Not und siegt über den Tod.
Unser Leid und unsere Einsamkeit
wird von ihm geteilt.
Kopf hoch, er liebt mich doch.
Ich schau zum Himmel hinauf,
irgendwann geht auch für mich die Sonne auf.

Gedicht © Rita Kuonen

Kafir hat den Dschihad verloren

Freundschaftlich half ich dem Priester weiter beim Messe dienen und führte demzufolge ein Doppelleben. Hinter der Kirche konnte mich niemand sehen. Richtung Mekka sprach ich ein Gebet und betrat die Sakristei: ‚Der barmherzige Allah ist allwissend und unsere Imame dürfen ja heiraten.' Eines inkommodierte das andere nicht. In seiner Nähe fühlte ich mich wohl, was ich ungern aufgeben hätte.

Die Schulzeit neigte sich zu Ende. Meine beste Schulfreundin und ich äußerten den Wunsch Krankenschwester zu werden. Wir meldeten uns bei einem Informationstag in der Kreisspital Visp an. Wir waren beide von diesem Beruf begeistert und wollten uns auf einen Ausbildungsplatz bewerben.

Mein Vater fand es nicht nötig, dass ich eine Ausbildung absolviere: „Ein Mädchen wird heiraten und Kinder bekommen. Weshalb sollen wir in eine Ausbildung investieren? Der Mann hat sie zu versorgen."

Mit lautstarken Diskussionen machte meine Mutter ihm unmissverständlich klar, dass falls ich die Ausbildung als Hotelfachfrau starte, doppelt profitieren könnte, nämlich von einer guten Haushaltungslehre und einer Ausbildung in einem. Sie schien zwar über die Nasenspitze zu denken, dem Gegenüber konnte ich mich an diesen Gedanken nicht recht anfreunden. Sie versuchte mich davon zu überzeugen, dass es der einzige Weg wäre, überhaupt an einer Ausbildung zu kommen. Schlussendlich willigte ich ein. Ja sogar, mein Zwillingsbruder durfte nicht seinen Traumberuf als Elektriker verwirklichen. Er wurde dazu genötigt eine Ausbildung zum Kellner zu machen. Schließlich sollten wir später das Restaurant unserer Eltern weiterführen.

Ein Vorteil hatte das Ganze. Ich konnte endlich von Zuhause ausziehen und meinen Glauben vertieft ausleben.

Ich durfte 1994 in einem Hotel Garni in Leukerbad, ein Personalzimmer beziehen. In einem wunderschönen Familienbetrieb begann ich meine Ausbildung zur Hotelfachfrau. Ich richtete mein Zimmer ein. Mit einem Kompass suchte ich die Richtung nach Mekka.

In unserem Restaurant begann mein Bruder seine Ausbildung als Restaurationsfachmann. Meine Mutter hätte lieber gehabt, dass er einen Ausbildungsplatz außerhalb des Betriebes gefunden hätte. Mir war klar, weshalb sie diesen Wunsch hegte. Sie wollte in aller Ruhe, ihre Affären weiterführen, ohne dass es jemand herausfinden könnte.

In Leukerbad hatte ich neue Freunde kennengelernt. Während der Schulzeit, die ich in Blockkurse absolvierte, hätte ich meinen Hidschab ungestört tragen können. Die theoretische Schule wurde als Internat, in einem Erstklasshotel in Adelboden, angeboten.

Letzten Endes konnte ich ungefragt in den Ausgang gehen und fühlte mich total frei, was ich bisher nicht kannte. Die Mitarbeiter waren alle aus dem ehemaligen Balkan aufgrund des damaligen Krieges in Jugoslawien. Auf Anraten meiner Familie und Vorgesetzten sollte ich besser keinen Kontakt zu dieser Volksgruppe pflegen. Ich hingegen sah kein Problem darin, da mein Freundeskreis ohnehin größtenteils aus Ausländer bestand.

Die Vorgesetzten hatten zwei Töchter und einen Sohn. Eine Tochter war ausgezogen, die zweite Tochter mietete mit ihrem Mann eine Wohnung innerhalb des Hauses. Sie brachte zwei schwerstbehinderte Kinder zur Welt, mit denen sie allerhand zu tun hatte. Ihr Leben war gezeichnet von Pflege, von Therapie und sie war angewiesen auf Sonderunterstützung. Sie tat mir immens leid. Ich hörte sie oft weinen, denn im Familienbetrieb arbeitete ihr Bruder als Koch, dort spielten seine zwei Kern gesunde Kinder.

Auf der Etage bei der Zimmerreinigung sprachen die Zimmermädchen den kroatischen Dialekt. Anfangs verstand ich nur Bahnhof und es machte keinen Spaß, nichts zu verstehen. Kontinuierlich fragte ich, was das oder jenes bedeutet. Ein Zimmermädchen war besonders temperamentvoll und direkt. Mit ihrer Art konnte nicht jeder umgehen. Schnell stieß sie bei ihren Vorgesetzten auf Widerstand. Die zwei Zimmermädchen waren Cousinen und logischerweise sprachen sie während der Zimmerreinigung in ihrer Sprache. Ich konnte nicht mitreden. Erneut sollte ein Zimmermädchen mir übersetzen, worauf die temperamentvolle Blondine mir ins Wort fiel: „Die Sprache ist zu schwer für dich. Warum willst du die Wörter wissen? Du wirst unsere Sprache nie erlernen können!"

Ich fasste das als Herausforderung auf und kurzer Hand schloss ich mit ihr eine Wette ab: „Du lebst bereits fünf Jahre in der Schweiz und sprichst immer noch gebrochen Deutsch. Ich spreche kein Wort Jugoslawisch, dennoch wette ich mit Dir, dass ich bis Ende meiner Lehre und die dauert zwei Jahre, deine Sprache besser beherrsche als du meine." Sie lachte laut aus.

Ich besorgte mir ein Buch und übte die Sätze während der Arbeitszeit mit ihrer sympathischen und zierlichen Cousine. Nach einem Jahr erlitt meine kroatische Kursleiterin einen Unfall. Sie zog sich eine Verletzung am Rücken zu. Ein neues Zimmermädchen musste sie stellvertreten. Es war eine ältere Dame aus Bosnien. Sie konnte kein Wort Deutsch. Ich stand mit ihr vor dem Aufzug und suchte das Gespräch. Bei jedem Satz schüttelte sie den Kopf: „Ne razumijem." Was übersetzt: „Ich verstehe nicht", heißt.

Das andere Zimmermädchen hatte den Auftrag, in der Wäscherei, die Bettwäsche zu bügeln. Ich sollte die neue Arbeitskraft auf der Etage einführen: ‚Wie mache ich das jetzt? Sie spricht kein Wort Deutsch ...' Ich musste mir unbedingt etwas einfallen lassen. Der Aufzug öffnete sich und wir fuhren hoch zum dritten Stock. Mir blieb nichts anderes übrig als das Erlernte anzuwenden. Wir fingen an, uns auf Kroatisch zu unterhalten. Diese Unterhaltung wurde gegen Mittag von der anderen Kroatin abrupt unterbrochen: „Was spricht ihr da? Sie ist keine Kroatin, sie kann unsere Sprache nicht!" Sie stand wie ein Soldat an der Tür, ihre Hände demonstrativ in die Hüfte gestemmt.

Die bosnische Frau blickte erstaunt umher und konterte: „Das stimmt nicht! Sie hat mit mir den ganzen Morgen auf unserer Sprache gesprochen ..."

Die ungestüme Kroatin war außer sich. Als ich neben ihr vorbei gehen wollte, klopfte ich ihr mit den Händen auf die Schulter und flüsterte ihr schmunzelnd zu: „Die Wette wirst du verlieren!"

Foto: pixelio - Leukerbad

Ich hatte Gefallen an meinem neuen Leben in Leukerbad. Der Ramadan setzte ein. Als gläubige Muslimin hatte ich mich entschlossen das Fasten einzuhalten. Einen besonderen Stellenwert erhält der Fastenmonat durch die koranische Aussage, wonach es gerade dieser Monat gewesen ist, in dem der Koran als Rechtleitung für die Menschen herabgesandt worden ist. Nach dem Gesetz wird Fasten als Enthaltung von bestimmten Tätigkeiten definiert: ‚Verzehr von irdischen Substanzen und Speisen inklusive Getränken, Rauchen, Geschlechtsverkehr und Trunkenheit.' Zum Fasten ist jeder Muslim verpflichtet, der in vollem Besitz seiner Geisteskräfte, volljährig und körperlich dazu imstande ist. Neben diesen praktischen Aspekten der Fastenpflicht gibt es mehrere ethisch-moralische Komponenten, die ich als Muslimin im Ramadan zu beachten hatte. Unbedingt zu vermeiden sind üble Nachrede, Verleumdung, Lügen und Beleidigungen aller Art.

Beim Fasten wird von Beginn der Morgendämmerung bis zum Sonnenuntergang nichts gegessen gleichzeitig nichts getrunken. Es wird allgemein keine Nahrung zu sich genommen. Es wird in gleicherweise auf Geschlechtsverkehr verzichtet. Das ist das „äußere" Fasten. Das Fasten hat außerdem eine „innere" Dimension. Der Moslem soll demnach im Ramadan weitgehender als sonst darauf achten sich gänzlich von Sünde freizuhalten. Fasten heißt erkennen, dass man in Wahrheit einzig und allein von Gott abhängig ist. Zugleich soll sich der Fastende darüber klar werden, dass er sich von vermeintlicher Abhängigkeit von anderem lossagen kann und muss.

Mit der Zeit verrichtete ich meine Arbeit geschwächt. Ich hatte nichts getrunken und nichts gegessen. Ich war bestrebt eine fromme Muslimin zu sein. Zwischendurch zog ich mich auf die Toilette zurück, um das Gebet zu sprechen. Mein Vorgehen passte den Mitarbeiterinnen nicht. Ich war unkonzentriert und zerstreut. Meine Ausbilderin zeigte mir einige Arbeitsmängel auf. Am folgenden Tag brach ich während der Zimmerreinigung, gegen Mittag zusammen. Ich hütete mein Geheimnis und durfte mich schlafen legen. Mein Fasten war gebrochen und ich bat Allah um Vergebung. Das Fasten darf nur von kranken, schwangeren, alten und reisenden Personen gebrochen werden, ansonsten ist es nur in einer Notlage möglich, etwa um einen Kreislaufzusammenbruch zu verhindern. - Ich sah mich also in einer Notlage. - Ich war schwach geworden und bin zusammengebrochen.

Unter dessen war meine Mutter bestrebt meinen Bruder irgendwie loszuwerden. Es ging nicht lange, führte dieser in einem Erstklassenhotel in Leukerbad, seine Ausbildung fort. Zwischenzeitlich 1995 hatte er seinen Führerschein gemacht und stolz präsentierte er mir seinen neuen Wagen.

In meiner Freizeit fuhr ich oft nach Hause und half dem Priester, wann ich nur konnte. Durch meine unregelmäßigen Arbeitszeiten konnte ich seltener an den Messen teilnehmen. Grundsätzlich spannte meine Mutter mich lieber als Bedienung ein. Sie kritisierte des Öfteren, dass ich die Messen zu häufig besuche und es wäre nicht nötig dem Priester zusätzlich bei den Sühnenächten unter die Arme zu greifen. Sie erkundete sich, ob ich etwa ein Auge auf ihn geworfen hätte. ‚Erst mal schlucken.' Ich zog meine Augenbrauen hoch und verneinte mit dem Hinweis, dass sie wisse, dass ich ins Kloster gehen wolle. Ich log sie ohne mit der Wimper zu zucken an. Der Priester sei lediglich mein geistlicher Führer. - Naja, geistiger Führer in Anführungszeichen. - Geistig begleitete er mich ohnehin, nur eben nicht nach den gesellschaftlichen und christlichen Normen.

Unser Restaurant befand sich auf demselben Hof wie die Kirche und das Pfarrhaus. Ich bediente die Gäste auf unserer Terrasse. Sehnsüchtig folgten meine Blicke dem Priester, der gegenüber sein Fahrzeug in seiner Garage parkte. Ich ließ alles stehen und eilte zu ihm. Voller Freude präsentierte er mir sein neues Prachtstück. Er hatte sich ebenfalls einen neuen Wagen angeschafft. Er bot mir eine Spritztour an. Bei dieser Gelegenheit fragte er mich, ob ich ihn am nächsten Abend, in der Nachbargemeinde bei der Messe behilflich sein könnte. Eher ich antworten konnte, stand mein Zwillingsbruder neben mir. Der Priester war nicht erfreut über seine Anwesenheit und gab ihm kategorisch zu verstehen, dass er nicht erwünscht sei. Selbstverständlich wollte ich mit meinem Schwarm mitfahren und wir verabredeten uns. Ich teilte dies meiner Mutter mit. Am folgenden Abend ging ich zum Pfarrhaus und klingelte an seiner Tür. - Ich konnte es nicht fassen, mein Bruder fuhr vor und es war peinlich, worauf ich ihn um Rechenschaft bat: „Hallo, ich bin volljährig. Was machst du hier?"

Mein Zwillingsbruder entgegnete: „Mama hat gesagt, ich soll dich begleiten, damit der Priester dir nicht zu Nahe kommt."

Der Priester öffnete die Tür, und als er meinen Bruder sah, schien er nicht gerade erfreut darüber zu sein. Beide fingen an zu streiten. Mein Bruder wollte mich in sein Wagen zerren, ich hielt mich am Arm des Priesters fest und suchte hinter seinem Rücken Schutz. Der Priester schubste meinen Bruder weg.

Auf seinem Parkplatz, vor dem Pfarrhaus, hatten wir ganz vergessen, dass er ein Geistlicher ist. Der Einzige, der sich angeblich daran erinnern konnte, war mein Bruder, der laufend wiederholte: „Herr Pfarrer, aber ..." Dieser unterbrach ihn und setzte sich für mich ein, wie ein Mann. - Wie ein frischgebackenes Pärchen stritten wir mit meinem Bruder.

Allmählich verlor der Priester seine Beherrschung und seine fromme Sprache: „So verzieh dich endlich, du Rotznase und lass uns in Ruhe!"

Ich flüchte in Priesters Wagen, er hinter her, er trat aufs Gas und mein Bruder nahm die Verfolgung auf. - Dass sich dieser Priester so für mich einsetzte, machte ihn für mich um so interessanter. - Ich fühlte mich von ihm angezogen und in meinem Kopf verdrängte ich den Gedanken an seine Priesterweihe.

In der Gemeinde angekommen, verbot der Priester meinem Bruder schlichtweg die Sakristei zu betreten. Er murrte vor sich her: „Endlich sind wir ungestört ..." Ich schmachtete ihn an und dachte in dem Moment: ‚Hat er vielleicht ähnliche Gefühle wie ich? Wir können uns nicht ungehindert in einer Sakristei küssen. - Das geht nicht und wenn uns jemand sieht?'

Meine Gedanken schossen wie wirr umher. Während Messe konnte ich meine Blicke nicht von ihm lassen. Als er die Kommunion zelebrierte, zitterte ich als ich das Wasser in seinen Kelch schütten sollte. Ihm fiel dies auf und er flüsterte mir zu: „Ganz ruhig Rita. Lass dir nichts anmerken."

In dem Moment musste er meine Gefühle durchschaut haben. Den Besuchern und meinem Bruder mussten meine Blicke aufgefallen sein. Bei der Rückfahrt berührte er, während er die Gänge schaltete, sanft meine Hand und spähte gleichzeitig in den Rückspiegel. Er kochte vor Wut: „Dein Bruder lässt uns keine Ruhe. Wie soll das denn so weiter gehen?" Schüchtern und gehemmt schaute ich zu Boden. Ich hatte keine Antwort. In meinen Träumen malte ich unsere Beziehung aus, die Realität machte mir jedoch Angst. Die Leute tratschten hinter dem Rücken und unsere gegenseitige Zuneigung war kaum mehr zu übersehen.

Wie gewohnt nahm ich wieder meine Arbeit als Lehrtochter auf. Das Erlebte ließ mir keine Ruhe. Dieser Priester wollte mir einfach nicht mehr aus dem Kopf gehen. Mein Bruder bohrte und ermahnte mich abermals, Abstand zu nehmen. Er wies mich darauf hin, dass das Dorf bereits darüber spekuliere, was nun zwischen uns läuft. Meine Eltern hatten Angst davor in der Gemeinde ihr Gesicht zu verlieren. Während mein Bruder mir den Kontakt zu ihm ausreden wollte, spielte ich ernsthaft mit

dem Gedanken mich auf den Priester einzulassen, wenn er sich mir nähren würde. So nach dem Motto: „... und führe uns nicht in Versuchung, sondern erlöse uns von dem Bösen.' Ich war hin und her gerissen. Es verging einige Zeit und als die katholische Fastenzeit anbrach, ging ich wie viele Gläubige wieder einmal zur Beichte. Ich war damals 18 Jahre alt. Als ich mit Herzklopfen den Beichtstuhl betrat und mit der Beichte beginnen wollte, unterbrach mich dieser junge Geistliche: „Heute beichtest nicht Du Rita, vielmehr ich." Er zog seine Priesterstola aus und fuhr fort: „Ich lege mein Priesteramt nieder, weil ich habe mich in dich verliebt." Sprachlos und erstaunt starrte ich in seine Augen. - So lange hatte ich mir diese Worte aus seinem Mund erträumt. - Er nahm meine Hand und in meiner Fantasie lag ich bereits in seine Arme. Er bat mich mit ihm fortzuziehen. Er könne ein Häuschen weit abgeschieden, nur für uns zwei, mieten. Es war so ein romantischer Gedanke. Mein Traum wurde wahr. Regungslos und zögerlich versuchte ich nach einigen Worten zu ringen. - Ich war so unendlich verliebt und habe mich wie im Film „Die Dornenvögel" gefühlt. - Leider kamen dieser Beziehung, meine Glaubensdogmen in die Quere. Ich bekam plötzlich Angst: „Ich kann nicht. Ich werde in die Hölle kommen, wenn ich mit einem Priester eine Beziehung eingehe. Sie legten ein Gelübde ab und sind dem Zölibat verpflichtet." Verzweifelt versuchte er um die Liebe zu kämpfen: „Aber Rita, ich wurde dazu gezwungen. Ich wollte niemals Priester werden. So grausam kann Gott nicht sein und ich dachte, du fühlst wie ich. Du bist volljährig und musst dir, von deinem Vater nichts mehr vorschreiben lassen."
Er hatte recht. Gleichwohl ergriff ich, naiv und unerfahren, die Flucht. Ich hatte Angst vor den Folgen. ‚Was würde mein Vater dazu sagen? Das Dorf hätte mich verbannt.' Ich war zerrissen. - Er war meine erste große Liebe. Er war der erste Mensch, der mich ernsthaft wahrgenommen hatte. Der einzige von dem ich

Liebe bekommen hatte. - Im Grunde genommen verfluchte ich diese Situation und noch mehr, dass er katholischer Priester war: ‚Weshalb mussten wir uns ineinander verlieben? Weshalb muss er ausgerechnet katholischen Priester sein und ist nicht einfach Diakon geblieben? Will Gott mich bestrafen? Jetzt ist es eh zu spät. Ich habe sein Angebot ausgeschlagen.' Ich konnte lediglich weinen. Am darauf folgenden Sonntag verkündete er nach der Messe seine Botschaft. Vom Altar aus fixierten sich unsere Blicke und er äußerte, dass er aus persönlichen Gründen vom Priesteramt zurücktreten werde. Er könne nicht länger hinter diesem Amt stehen, weshalb er sein Schreiben bereits ans Bistum sendete.

Allzu gerne hätte ich nochmals mit ihm geredet. Entgegen meinem Wunsch hatte ich aus Angst seine Liebe nicht erwidert. Er musste wohl gedacht haben, dass ich ihn nie wirklich geliebt habe. Ich hätte mir so erhofft, dass er mich aufsucht. Ich wartete vergebens. Daraufhin trennten sich unsere Wege. Die einzige Erinnerung, die mir an ihm blieb, war sein Geschenk an mich, dieses Messbuch, das er extra für mich besorgt und signiert hatte. Ihm war nicht bewusst, unter welchem enormen familiären Druck ich damals stand. - Meine Eltern haben mich um meine Liebe beraubt!

Zwischenzeitlich ging er eine Beziehung mit einer Witwe ein und ich bereute meinen Entschluss nicht. Diese Gelegenheit nutze mein Vater, mich erneut zu verspotten: „Siehst du Rita, der hat nie etwas für dich empfunden. Du hast dir das alles nur eingebildet!"

Dank meinem ältesten Bruder, der mir öfters gut zu sprach, hatte ich während der Schulzeit meinen Selbstwert aufbauen können. Dieser war bereits ausgezogen und ich konnte sein Zimmer beziehen. „Weißt du Papa, ich kann dort hin gehen, klingeln und sagen, dass ich meine Meinung geändert habe. Ich wolle schlussendlich mit ihm diese Beziehung eingehen. Wetten er kommt zu mir zurück und bleibt nicht bei dieser älteren Dame!"

Mein Vater lachte. Ich zog meine Jacke an, drehte mich um und versicherte: „Wenn ich jetzt gehe, komme ich nicht mehr zurück. Dann ziehe ich mit ihm in das abgeschiedene Dorf, in dem Häuschen, dass er mir im Beichtstuhl vorgeschlagen hat."

Mein Vater guckte erstaunt und äußerte nachdrücklich: „Du lügst!"

Damit hatte er nicht gerechnet. Er hörte zum ersten Mal davon. Ich entgegnete: „Doch Papa! Er hat mir im Beichtstuhl seine Liebe gestanden und wollte mit mir aus dem Dorf fliehen. Hätte ich nur auf ihn gehört, indem er sagte, dass er mich aus dieser elenden Familie befreien möchte."

Sprachlos fixierte er seine Blicke auf mein Wesen. Ich ging zur Tür und fuhr fort: „Der Priester liebt mich, nicht sie! Aus Angst habe ich die Beziehung ausgeschlagen, dass er in die nächste Beziehung flüchtet, tut er nur aus Liebeskummer. Ich wollte es geheim halten, hingegen willst du es wahrscheinlich nicht anders ...!" Mein Vater forderte mich weiter heraus und putzte mich nieder, wo er nur konnte: „Du hättest nie eine Chance bei ihm gehabt. Diese Witwe ist dir weit überlegen und hat viel mehr zu bieten als du."

Die Witwe war mir eh ein Dorn im Auge. - Immerhin galt seine Liebe mir: „Gut, wenn du das glaubst. Dann lasse ich es darauf ankommen. Ich werde die Liebe zu lassen. Das hätte ich viel eher tun sollen. Wenn du es genau wissen willst, ich habe mich gleichwohl in ihm verliebt, und da wir eh alle in der Hölle schmoren werden, beweise ich es dir! Denn zu diesem, Deinem zürnenden Gott, will ich nicht hin!" Ich öffnete die Tür und machte mich auf dem Weg. Ich war fest entschlossen, meine erste große Liebe zurückzuerobern. Ich war nicht mehr bereit ihn dieser Witwe kampflos zu überlassen. Ich steuerte geradewegs auf ihr Haus zu.

Ich sah vor Kurzem, als ich vorbeifuhr, dass sein Wagen vor ihrem Haus stand. Deshalb wusste ich, dass er bei ihr war. Meine Eifersucht machte mir Mut und mein Entschluss stand fest, die Meinung von damals zu revidieren. - Im Kopf bereitete ich meine Sätze vor und vor meinen geistigen Augen sah ich, das frischgebackene Pärchen vor mir stehen. - Im selben Augenblick spürte ich eine Hand von hinten, die mich am Oberarm festhielt. Es war mein Vater, der mich zurück ins Haus bat: „Dann hatte ich also letztendlich recht, in dem ich dieser lüsterne Priester im Pfarrhaus aufsuchte. Ich dachte mir, dass er sich am liebsten an ein so junges Mädchen vergriffen hätte."

Ich widersprach: „Oh nein, er hat mich niemals angefasst. Im Gegenteil, er war stets respektvoll und höflich. Er hat mich nie bedrängt. Gott Lob hatte er mich nie in Versuchung gebracht. Glaube mir, ich wäre schwach geworden." Mit meinem Herzschmerz zog ich mich in meinem Zimmer zurück. Das Thema wurde nach jenem Tag, nie mehr aufgegriffen. Ich räumte der Witwe das Feld und wollte nicht mehr dazwischen funken. Ich gab meine große Liebe, dem Frieden Wille auf und suchte nach einer Entschuldigung, dass Allah mit mir wohl andere Pläne hatte.

Die Witwe war eine gütige Frau und hatte ein beachtliches Herz. Sie begleitete leidende Menschen beim Sterben und hatte eine offene Tür für schwer erziehbare Jugendliche. Ich bewunderte sie und gönnte ihr schlussendlich das Glück.

Jahre später, als ich in dieser schriftstellerischen Tätigkeit, ohne einen Hintergedanken diesem ehemaligen Priester eine Mail schrieb, kam ich locker und ungehemmt auf die Vergangenheit zu sprechen. Er leugnete jene Gefühle von damals und was alles geschehen war. Mir ist bewusst, dass ein Mann äußert selten über seine Gefühle sprechen kann. Es musste ihn einst, einen ungeheuren Mut gekostet haben und ferner als Priester, mir im Beichtstuhl seine Gefühle zu offenbaren. Dann kam dieses

„Nein". Ich vermute, er wurde von mir völlig entblößt. Beschämt hatte er durch Verschleierung, seine Männlichkeit aufrechterhalten wollen. Verständlich! Es tut mir unendlich leid, dass ich ihm diesen Schmerz zugefügt habe. Ich wollte ihm, mit meinem Schreiben fairerweise darüber informieren, dass ich dieses Buch verfasse.

Es braucht Mut zu seiner Vergangenheit zu stehen, den nicht jeder aufbringen kann. Verleugnung kann in der Tat eine Bewältigungsstrategie sein. Leider holt sie eines Tages jeden ein. Allah hatte doch andere Pläne mit mir und nun verstand ich weshalb er nie meine Bestimmung war.

Die letzte Mail von mir an ihm:
„Hallo X. Ich muss zugegeben, dass es mir wehgetan hat, wie lieblos du mir geantwortet hast. Entgegen deiner Vermutung, dass ich mich dir wieder nähern wollte, schrieb ich dir aus einem anderen Grund. Ich bin Schriftstellerin und wollte deine Sicht der Dinge, von damals hören. Heute ist mir klar. Ein Mann kann nicht über seine Gefühle reden. Es musste dich eine Menge Mut gekostet haben, als du mir damals im Beichtstuhl, deine Gefühle gestanden hast und mit mir fortziehen wolltest. Dann kam dieses beschämende „Nein". Ich wollte dir niemals weh tun ... Jetzt kennst du den wahren Grund.
Ich wünsche dir alles Gute auf deinem Lebensweg und verzeihe mir, dass ich dir unerwünscht erweise geschrieben habe.
Liebe Grüsse
Rita

„Vereinige dich mit denjenigen, die den Kontakt mit dir abbrechen, und verzeihe denjenigen, die dir je schlechtes getan haben; gebe jedem etwas, der je schlecht zu dir war."(Wahre Sunnah)

Geistig verabschiedete ich mich bereits dazumal von ihm, mit folgendem Gedicht, das bis dato nie jemanden zu lesen bekam:

Komm zurück

Kannst du diese Nachricht hören?
Falls ja, dann denk daran,
meine Stimme war verschlagen,
ich kann diesen Schmerz nicht mehr ertragen.
Warum gingst du fort?
Ausgerechnet dort?
Dort, wo du nicht unerreichbar bist.
Ich weiß nicht, ob du mich vergisst?
Oh, nein tue es bitte nicht.
Immer noch sehe ich dein Gesicht.
Ich möchte bei dir sein.
Nur bei dir allein.
Sag mir, ob du mich noch liebst?
Wenn du einmal meine Nachricht kriegst.
Komm doch zurück und gib mir ein kleines Stück
von deiner Liebe, wenn sie noch brennt in dir,
dann bitte gib sie mir.
Sag die Worte doch noch einmal,
wenn du mich noch liebst.
Wenn du diese Nachricht kriegst.
Seit Tagen warte ich schon.
Nichts hörte ich von dir, keinen Ton.
Ich habe Nächte in Angst verbracht.
So oft habe ich an dich zurück gedacht.
Was ist geschehen?
Ich kann es nicht verstehen.
Was ging schief? Fiel ich so tief?
Bitte hole mich raus. Ist es wirklich aus?
Bitte ziehe nicht in dieses Haus.
Egal welchen Weg du wählst.
wenn du meine Nachricht erhältst.

Gedicht © Rita Kuonen

Ich konzentrierte mich weiter auf meine Ausbildung und genoss die Sonne in Leukerbad. Während meiner Zimmerstunde machte ich lange Spaziergänge durch das Dorf. Es war ein schöner Dienstagnachmittag, als ich von Weitem meine Mutter Hand in Hand mit einem fremden Mann spazieren sah. Schnell versteckte ich mich hinter eine Wand und sah genau hin, wo das Pärchen des Weges geht. Sie steuerten geradewegs auf das öffentliche Schwimmbad Namens „Burgerbad" zu. Ich holte mein Badezeug und folgte ihnen unauffällig hinter her. Eng umschlugen, fand ich die beiden im Sportbecken. Zum Glück traf ich auf einen Bekannten aus Kroatien. Ich tarnte mich, indem ich mich auf seine Sprache unterhielt. Ich erklärte ihm mein Vorhaben und bat ihn zugleich um Hilfe. Mit dem Rücken zu meiner Mutter gekehrt, näherten wir uns unauffällig dem Pärchen. Nahe genug dreht ich mich plötzlich um und wandte mich an meine Mutter. Ich appellierte: „Mama! Wie lange hast du vor, Papa zu betrügen?" Sichtlich erschrocken erkundigte sich ihr Geliebter wer diese Jugoslawin sei. Sie antwortete: „Das ist meine Tochter!"

„Das kann doch nicht sein. Sie sprach eben Jugoslawisch ...", entgegnete er verständnislos.

Ich forderte meine Mutter auf, dass sie die Scheidung einreichen soll. Ich hätte ihren Spielchen lange genug zugesehen.

Das Baden machte sichtlich keinen Spaß mehr und die Beiden wollten das Weite suchen. Meine Mutter versprach mir hoch und Heilig, dass sie am folgenden Tag das Gespräch mit meinem Vater suche. Ich traute ihr nicht ganz, gleichwohl wollte ihr eine Chance geben: „Wenn du nicht mit ihm redest, werde ich das tun. Glaube mir, Mama! Du trägst überdies seinen Ehering! Das ist nicht fair, dass du ihn so hinterhältig betrügst!"

Ich saß im Internat und im letzten Blockkurs wurden wir auf die Abschlussprüfung vorbereitet. Als ich an der Rezeption den Schlüssel für mein Zimmer abholen wollte, sichtete ich draußen eine junge Türkin mit einem Hidschab. Sie eilte hinter eine Wand, unauffällig zog sie ihr Kopftuch aus und sichtlich in der Hoffnung, dass sie niemand sieht. Sie ließ es unauffällig in ihrer Tasche verschwinden. Neugierig wartete ich beim Eingang auf sie. Ich trug im Internat kein Kopftuch und begründete dies damit, weil überwiegend Frauen anwesend sind. Sie steuerte auf das Hotel zu. Im selben Moment sprach sie darauf an. Dieses hübsche Mädchen musterte mich ab und teilte mir mit: „Sorry, ich muss mich aufs Minimum der Kommunikation beschränken. Vom Glauben her ist es mir untersagt, mit Ungläubigen zu fraternisieren." Ich setzte entgegen: „Wie meinst du das?" Sie wollte weitergehen und warf einen kurzen Blick zurück: „Ich bin Muslimin. Nimm es mir nicht übel, ich darf bloß mit Muslimen Freundschaft pflegen." Ich hielt sie am Arm fest und verriet ihr mein Geheimnis, denn sie war mir dermaßen sympathisch, dass ich sie unbedingt als Freundin gewinnen wollte. In den kommenden Wochen vertiefte sich unsere Freundschaft. Sie erzählte mir aus ihrer schrecklichen Kindheit. Wir hatten vieles gemein. Dass ich ausgerechnet mit einem muslimischen Mädchen mein Schicksal teilen konnte, dass würde mir kaum jemand glauben.

In der letzten Woche saß ich in ihrem Zimmer. Sie wirkte traurig und starrte aus dem Fenster. Sie seufzte: „Es ist das letzte Mal, dass ich diese Berge sehen werde. Ich habe es bisher keinen meiner Freunde erzählt. Ich werde nach dieser Ausbildung zurück in die Türkei ziehen. Mir wurde befohlen einen Mann zu heiraten, der mich damals gekauft hatte. Er ist 20 Jahre älter als ich. Ich habe ihn nie zuvor gesehen. Er sei reich und angesehen. Mir würde es an nichts fehlen ... In die Schweiz darf ich nicht mehr zurück. Ich werde meine Freunde nie mehr wiedersehen." Wir fingen beide an zu heulen und nahmen uns in die Arme. Ich konnte es nicht fassen. Ihre Familie waren Wahhabiten. Zum ersten Mal hörte ich von den verschiedenen Strömungen des Islams. Die Wahhabiten sehen sich als Krieger für die reine Lehre des Islams. Ihr Begründer war Scheich Muhammad ibn Abdulwahab bzw. Abd al-Wahhab. Er wurde 1703 in Ayina geboren. Im Alter von zehn Jahren soll er den Koran bereits auswendig gelernt haben. Abdul Wahhab studierte insbesondere die Rechtsdogmatik Ahmad Ibn Hanbals (780-855), des Begründers der Hanbali-Schule in der damaligen Welthauptstadt Bagdad. Für Ibn Hanbals Anhänger war der Koran, ein von Allah gesandtes Buch, an dem es nichts hinzuzufügen gilt. 900 Jahre später schrieb Abdul Wahhab auf dieser geistigen Grundlage das Buch der Einheit, das von der einfachen Natur Gottes und seiner Offenbarung handelt. Seine Anhänger die Wahhabiten bezeichnet sich selber als die Unitarier.

Ich versuchte sie zu trösten und suchte vergeblich nach Lösungen. Sie winkte ab und verdeutlichte, falls sie sich der Tradition widersetze und sie sich nicht an die Regeln halte, werde sie das mit dem Leben bezahlen. Das hörte sich unendlich grausam an. Ich hatte diese Schönheit, mit ihren hübschen schwarzen langen Locken, wie eine Schwester in mein Herz geschlossen. Dass ausgerechnet sie in die Türkei verkauft wurde, raubte mir jeden Glauben. Ich verachtete diese Tradition und fluchte in ihrem Zimmer über den Islam. Sie bemühte sich, mich zu beruhigen: „Es gibt verschiedene Strömungen Rita und nicht jede Gemeinde ist gleich. Unsere Familie ist radikal. Deine damalige Schulfreundin und Du, ihr seid liberale Muslime. Ich glaube deine Freundin war eine Ahmadi."

Ahmadis werden die Mitglieder der Ahmadiyya-Gemeinde genannt. Sie sind eine Gruppe von liberalen Muslimen die glauben, dass Mirzā Ghulām Ahmad der von Gott verheißene Erneuerer des Islams war. Er gründete etwa vor 120 Jahren eine neue muslimische Gemeinschaft. Eine Gruppe glaubt sogar, dass er nicht nur im geistigen Sinne die Wiederkunft Jesu verkörperte, sondern dass er tatsächlich ein Prophet war, der göttliche Offenbarungen empfing. Ihre offizielle Bezeichnung ist Ahmadiyya Muslim Jamaat oder einfach Ahmadiyya-Muslim-Gemeinde.

Seinerzeit konnte ich die Glaubensrichtungen nicht unterscheiden und wendete mich vom Glauben ab. Ich hatte mein Dschihad verloren. Ich wurde ein Kafir, wie die Muslime die Ungläubigen nennen. Diese wahhabitische Glaubensgemeinschaft schien kein Mitgefühl für uns Frauen zu haben. Meine liebe Schwester sah ich nie mehr wieder. Dieser Verlust hat mir nicht nur das Herz gebrochen, gleicherweise meinen Glauben.

Unser Leben

Eine Station unseres Lebens liegt in Einsamkeit,
Trauer und auch Leid.
Denn was man auch tut,
kann der andere nicht verstehen.
Einen Kampf braucht Mut
um ihn zu begehen.
Was kann man tun? Was kann man machen?
Meist gehen sie schief all die Sachen.
Liebe, Glaube und Hoffnung, alles hängt zusammen.
Oft fühle ich mich in meiner Angst gefangen.
In Kreisen unseres Lebens,
wir denken jede Hoffnung sei vergebens.
Aber eines dürfen wir nie vergessen,
dass es da jemand gibt,
der über alle Feinde siegt.
Der uns zum Rechten lenkt
und dem Demütigen, Gnade schenkt.

Gedicht © Rita Kuonen

Die sieben mageren Jahre

Meine Mutter leistete meiner Aufforderung Folge, indem sie sich scheiden ließ. Sie kurze Zeit reichte später die Scheidung ein.

An meinen freien Tagen fuhr ich wie gewohnt nach Hause. Ich öffnete die Tür und stand vor einem ganzen Berg voller Gepäck. Ich fragte nichts ahnend: „Was ist denn hier los?"

„Hallo Rita, du kannst uns helfen das Gepäck hoch zur Großmutter zu tragen. Die Mama zieht aus", antwortete mein Vater. Er hatte entschlossen die Mutter vor die Tür zu setzen. Ich zuckte mit den Schultern und entgegnete: „Das könnt ihr selber machen! Ich bin nicht euer Page. Habt ihr sie diesbezüglich in Kenntnis gesetzt?" Dem war natürlich nicht so. Meine Mutter kränkte das Ego meines Vaters und er wusste nichts Besseres, als sich zu rächen. Er plante den Streit auf den Rücken seiner Kinder auszutragen. Mein Zwillingsbruder war bei jeder Gelegenheit auf seiner Seite. Sein Wort war im heilig und er zweifelte nie an die Taten seines Vaters. Mein Bruder war ihm von Kindes Beinen an hörig und unglaublich naiv.

Mein ältester Bruder konnte froh sein, dass er bereits verheiratet war und eine tolle Ehefrau gefunden hatte. Er bekam vom Geschehen nicht viel mit. Der Zweitälteste war ein Mamasöhnchen und bei dem war eh nicht viel Männlichkeit zu sehen. Die Familie war gespalten. Jetzt wäre ich allzu gerne mit meinem Priester im abgeschiedenen Häuschen gewesen. Stattdessen sollte ich all die Geschmacklosigkeit zwischen meinen Eltern ausbaden. Der Rosenkrieg hat begonnen. Gespannt auf die Reaktion meiner Mutter, spähten mein Bruder und mein Vater aus dem Fenster, wie sie bei der Großmutter eintraf. Ihr Haus stand ca. 500 m entfernt gegenüber. Mein Vater lachte siegessicher und freute sich darüber wie empört sie war, als ihr Zeug vorfand.

Nach all den Taten, die meine Mutter mir zufügte, hatte ich mit ihr bereits seit Jahren abgeschlossen. Mein Zwillingsbruder wollte ich in dieser schweren Zeit nicht im Stich lassen. Aus Mitleid pflegte ich daraufhin Kontakt zum Elternhaus. Vom Vater erhoffte ich mehr Respekt. Wir führten verschiedene Gespräche und eines Tages konnte ich mir nicht verkneifen ihm zu erzählen, was damals mit diesem Stammgast und meiner Mutter vorgefallen ist. Daraufhin telefonierte er mit seinem Bruder, der einst bei der Kriminalpolizei war. Mir war nicht bewusst, dass dies ein Kriminalverbrechen sein sollte. Es gab kein zurück. Eine Lawine kam ins Rollen und der Staatsanwalt schaltete sich ein, um den Fall aufzunehmen. Ein Fall nach dem anderen folgte und die Prozesse schienen kein Ende zu haben.

Ich stand mit meiner Mutter und mit diesem Stammgast vor Gericht. Ich musste den ganzen Tathergang schildern und mein Staatsanwalt forderte Beweise, die ich ihm liefern musste. Vor dem Gerichtstor drohte dieser Stammgast, der jedes Jahr pflegte auf die Jagd zu gehen, mir ohne Weiteres mit dem Tode: „Pass nur auf, wenn ich dich eines Tages erwische, werde ich dich erschießen! Denn ich habe allzeit ein Gewehr in meinem Kofferraum."

Er wurde wegen Verjährung der Klagefrist frei gesprochen und meine Mutter bekam lediglich einen Monat Haft auf zwei Jahre Bedingung. Diese Urteile waren einen Hohn für all die Pein, die ich durchmachen musste. Der Aufwand war völlig um sonst und ich hätte mir all den Ärger, mit Anwälten und Gerichte, ersparen können. Jeder Kläger der Selbstjustiz begeht, konnte ich in dem Moment vollkommen verstehen: ,Vielleicht hätte ich damals ebenfalls Selbstjustiz begehen sollen!'

Ich fühlte mich gedemütigt und das ich trotzdem gewonnen haben soll, war nach diesen lächerlichen Urteilen kein Trost mehr: „Wegen dem musste ein Staatsanwalt her? Das hätte ein Friedensrichter besser machen können." klagte ich entsetzt.

Derweil beendeten mein Bruder und ich unsere Ausbildung erfolgreich. Bei der Gelegenheit unterschrieben wir beide einen Arbeitsvertrag als Servicefachleute bei einem Gasthof im Rhonetal. Gegenwärtig wurden wir Arbeitskollegen und ich zog zurück ins Elternhaus. Im gut besuchten Betrieb konnte ich meine Sprachkenntnisse unter Beweis stellen. Denn mit der Kroatin hatte ich die Wette gewonnen.

Im Gasthof lernte ich einen Kroaten kennen. Jeden Abend besuchte er, mit seinem Kollegen, die Gaststätte auf. Wir alberten herum, und als wir uns besser kannten, zogen wir gemeinsam um die Häuser. Es entwickelte sich eine enge Freundschaft. Meine ehemalige kroatische Arbeitskollegin war weitgehend auf der Suche nach einen potenziellen Heiratskandidaten. Ich hatte die blendende Idee, die beiden zu verkuppeln. Nach meiner verflossenen Liebe wollte ich keine Beziehung eingehen. Ich verabredete mich mit der Kroatin und wollte ihr meinen Bekannten vorstellen. Mein Bruder spielte Taxi und wir fuhren abends Richtung Leukerbad. Wir wollten sie in einer Diskothek treffen. Mein Bekannter hatte andere Pläne. Er setzte seinen Kumpel auf die Kroatin an und mein Bruder unterhielt sich mit einem ehemaligen Schulkollegen. Schlussendlich saßen dieser Bekannte und ich alleine an der Bar. Sein Name war Ivan.

Die Kroatin und sein Kumpel landeten auf der Tanzfläche und ich informierte mich bei ihn: „Gefällst sie dir denn nicht?" Er lachte und gab zur Antwort: „Sag mal, merkst du es eigentlich nicht? Ich will dich!" Mit allem hätte ich gerechnet nur nicht mit dem. Ich fühlte mich geschmeichelt und wir unterhielten uns weiter. Als der Abend zu Ende war, tauschten wir unsere Nummern.

Bald darauf musste mein Bruder, unserem Vater meine Bekanntschaft vorgehalten haben. Ich stand in der Küche. Meine Vater steuerte auf mich zu und protestierte: „Was habe

ich da gehört? Du triffst dich mit einem Jugo! Ist das wahr?"
Ich leugnete dies nicht.

Er befahl: „Du wirst dich nicht mehr mit ihm treffen. Sonst bringe ich dieses Schwein um!"

Mein Bruder sollte mich und Ivan observieren. Gott Lob, konnte er kein Kroatisch. Ich konnte sein Handeln nicht nachvollziehen, da sich Ivan und er so gut verstanden haben. Ich dachte, wir wären alle Freunde. Unsere Treffen mussten in Zukunft heimlich stattfinden. Mittlerweile passte das gut, denn ich hatte endlich den Führerschein erworben. Mein Bruder bekam ein Telefongespräch mit und ich sollte dafür Rechenschaft ablegen: „Wer war das? War das Ivan?"

Ich leugnete: „Nein, das war meine Freundin. Ich habe viele Freunde aus dem ehemaligen Jugoslawien. Was soll das Ganze? Ich bin erwachsen und muss mich nicht rechtfertigen."

Dummerweise arbeitete „Vaters Diener" im selben Betrieb wie ich. Zwar konnte ich ungehemmt mich auf Kroatisch mit meinem Freund unterhalten, ohne das mein Bruder etwas davon verstehen konnte. Zunächst ging es etwa ein halbes Jahr so weiter. Wir trafen uns heimlich. Eines Abends rief Ivan an und wollte mich unbedingt treffen. Ich war zu Hause und hatte frei. Ich versuchte ihm begreiflich zu machen, dass das Risiko zu groß wäre, wenn er in mein Dorf käme. Er ließ nicht locker und bestand darauf uns im Dorfrestaurant zu verabreden. Wir setzten uns im Restaurant unauffällig in eine Ecke. Von den Gästen unbemerkt haben wir uns unterhalten. Ich entdeckte meinen Onkel sturzbetrunken am gegenübergelegenen Tisch. „Jebi se ...", fluchte ich.

Mir schossen Gedanken durch den Kopf: ‚Wenn der mich jetzt erkennt, er ist der Bruder meines Vaters. Das Ganze fliegt auf und ich erlebe die Hölle!'

Dieser spendable Gast wollte unbedingt allen Anwesenden einer Runde offerieren. Ich wurde sinnbildlich kleiner und hätte mich am liebsten unter dem Tisch verkrochen: „Lass uns gehen Ivan." Wir sind aufgestanden und upps, mein Onkel stand neben meinem jugoslawischem Freund. Wir schauten uns schweigend an.

„Rita, Du bist das. Was ist das für eine Sprache, die ihr da spricht?" fragte mein Onkel. Zögerlich ergriff ich das Wort: „Ähm, Kroatisch ... also Jugoslawisch."

Mein Onkel musterte ihn erstaunt ab: „Ist das dein Freund? Ihr wollt doch nicht schon gehen oder? Komm, wir trinken was zusammen ... Rita, willst Du ihn mir nicht vorstellen?"

Wir setzten uns zurück an den Tisch. Dieser Onkel war zugleich mein Pate. Ich war verängstigt und erklärte ihm, dass meinem Vater diese Beziehung missfällt. Er würde Ivan niemals akzeptieren und hätte mir verboten mich mit ihm zu treffen. Meinem Onkel wollte das nicht einleuchten und stellte sich auf unserer Seite: „Euer Geheimnis ist bei mir sicher. Kämpft um eure Liebe und lasst euch nichts vorschreiben. Irgendwann muss er es akzeptieren."

Währenddessen belauschte jemand unser Gespräch und informierte meinen Vater. Gegen ein Uhr nachts, für gewöhnlich schlief er um diese Uhrzeit, verabschiedete ich mich von meinem Freund mit einem Abschiedskuss. Ich kehrte Heim und öffnete leise die Haustür. Mein Vater wartete bereits auf der Treppe: „Du hast dich also wieder mit diesem Jugo getroffen? Denkst du, ich würde das nicht mitbekommen? Bevor so ein Drecks Jugo diese Schwelle betritt, eher bringe ich ihn um. Entweder deine Familie oder der! Du kannst dich entscheiden. Morgen will ich eine Antwort!"

Ich war nicht mehr bereit, mir zusätzlich diesem Mann ausreden zu lassen. - Mein Vater hat bereits meine erste große Liebe zerstört, Priester hin oder her. - Hingegen Ivan, nein da gibt es keine Entschuldigung. Ich stellte mich vor meinen Vater hin: „Ich entscheide mich für den Kroaten. Ich werde diesen

Mann heiraten und wenn es mich die Familie kostet. Sieh dich mal an, du bist nicht einmal ein richtiger Schweizer. Deine Großeltern waren Finnen. Was bist du für ein verdammter Rassist?"

Ich suchte mir eine Wohnung und packte meine Koffer. Mein Zwillingsbruder bot mir das Mittagessen an. Ich setzte mich an den Tisch. Die Stimmung war angespannt. Ich holte Brot aus der Küche und stellte dies auf die Mittagstafel. Mein Vater machte eine Handbewegung und das Brot flog in einen Salto durch die Luft und landete auf den Boden. Im gleichen Atemzug ließ er verkünden: „Was stellst du hier Brot auf dem Tisch? Wir sind Schweizer. Du hingegen bist eh von einem verfluchten Ausländer!" Das überraschte mich nicht. Er rief in dem Moment meine langjährige verdrängte Erinnerung wieder hoch. Ich saß ihm gegenüber, visierte ihn selbstbewusst an und verlor meine ganze Angst vor ihm: „Ich weiß und ich bin stolz darauf. Ich bin froh, dass ich nicht aus deinem Fleisch und Blut bin." Ich verlor all meinen Respekt vor ihm und durchschaute diesen, im Grunde genommen, schwachen gebrochenen Mann. Er stand demonstrativ auf: „Woher willst du das denn wissen?" Ich schilderte was damals vorgefallen ist. An jenem Tag, als der Zwillingsbruder ihn am „Tag der offenen Tür" in der AluSuisse begleitete. Sein Gesicht verlor Farbe und er setzt sich wieder hin. Meine Eltern waren im Glauben, dass ich mich nicht mehr daran erinnern könnte. Er ächzte: „Du hast recht. Wir hatten uns geschworen, Gras darüber wachsen zu lassen. Es sollte ein Geheimnis bleiben. Ich erinnere mich, an seinen Brief. Darin stand: Ich bin auf Nimmerwiedersehen verschwunden."

Ich bat ihn darum, seinen Namen zu nennen. Es sei mein Gut und Recht, meinen wahren Vater kennenzulernen. Er konnte sich leider nicht mehr daran erinnern. Meine Mutter bestreitet bis dato, dass es jemals so einen Mann existiert hätte.

Unaufhörlich beschäftigen mich diese Fragen, wer und wo

mein wahrer Vater ist? ‚Lebt er in der Schweiz? Ich würde gerne wissen, wo die Wurzeln meiner richtigen Familie liegen. Pflegte er weiterhin Kontakt mit meiner Mutter? Und was wäre, wenn er wissen würde, welches Leid ich in der Kindheit durchmachen musste?'

Ich zog nach Visp. Das kleine süße Städtchen liegt ungefähr eine halbe Stunde Fahrt von meinem Heimatdorf Guttet.

In meiner neue Wohnung machte ich es mir gemütlich und richtete eine liebevolles Zuhause ein. Mit meinem Freund schmiedeten ich Zukunftspläne. Das Leben nahm sukzessive Form an. Ich hatte einen guten Job, einen liebevollen Freund und einen neuen Bekanntenkreis. In unserem tollen Freundeskreis fühlte ich mich voll integriert. In deren Augen war ich eine von ihnen. Ich liebe Sprachen, weshalb unsere Freunde mich gerne hochzogen und alberten: „Rita du bist international." In deren Augen waren Ivan und ich längst verheiratet und das ohne Trauschein.

Unterdessen befanden meine Eltern sich inmitten einer Kampfscheidung. In Sachen güterrechtliche Trennung wurde mein Vater zu einer Zahlung in Höhe von 63 000. - Fr. verurteilt. Das wollte er natürlich nicht stehen lassen und erhob schlichtweg Rechtsvorschlag. Als Erbvorbezug überschrieb er meinen Zwillingsbruder das Elternhaus und mir wollte er das Ferienhäuschen überschreiben, in der Hoffnung im Besitz dessen zu bleiben. Er forderte jedoch mit einem Vorwand, dass mein Zwillingsbruder der Hypothekarzins bezahlen müsse, eine monatliche Ratenzahlung. Ohne schlechtes Gewissen versuchte er sich den Besitz zu ergaunern und schreckte nicht davor zurück, seine Familienmitglieder über den Tisch zu ziehen. Von seinem Streben nach Heiligkeit war nicht mehr viel zu sehen. Man könnte meinen, dass er nun einen Pakt mit dem Teufel schloss. Ich traute ihm nicht und war nicht bereit sein Vorhaben zu unterstützen. Mit allen Mitteln versuchten er und mein Zwillingsbruder, mich zur Unterschrift zu überreden. Ich willigte nur unter einer Bedingung ein, falls er einen Kaufvertrag aufsetzen würde. Ich wollte keinen Betrug begehen und das Häuschen auf einen ehrlichen Rechtsweg erhalten. Auf diesem Weg erhoffte ich mir, meine Mutter nicht zu benachteiligen. Er ließ unter einem falschen Vorwand von seiner Notarin einen Vertrag aufsetzen und reichte mir diesen zur Unterschrift. Ich nahm einen Kredit auf und überwies ihm 15 000. - Fr. als Anzahlung für den Kauf.

Ich machte mich auf den Weg zu Arbeit. Im Gasthof stellte ich die Körbchen mit den Croissants auf die Tische. Im Morgenbetrieb vertieft, betrat mein Freund den Gasthof. Er hielt einen Brief in der Hand: „Schau mal, meine Aufenthaltsbewilligung wird nicht verlängert. Ich soll übermorgen um 15.00 Uhr in Zürich abfliegen." Die Botschaft war wie ein Faustschlag ins Gesicht. Er ließ sich ahnungslos in einem Gästestuhl fallen und starrte hilflos auf diesen Brief. Ich drehte mich um und eine Welt brach über mich zusammen und sann: ‚Nicht auch noch diese Liebe. Das halte ich nicht aus!' Auf einmal stand er auf, trat vor mich hin. Er hielt um meine Hand an. Ich war gerade mal 19 Jahre alt und versuchte die richtigen Worte zu finden: „Ich würde dich gerne heiraten. Beim Standesamt gibt es Wartezeiten. Diese trauert uns nicht direkt. Du entkommst dem Flug leider nicht." Er offenbarte mir: „Wenn ich fliege, bekomme keine Einreisebewilligung mehr. Ich werde dich nie mehr wiedersehen. Du bist meine große Liebe und ich weiß, dass ich keine Frau mehr so lieben werde wie dich." Ich war den Tränen nahe. Das Standesamt hatte erst in einem halben Jahr einen Termin frei. Bei der Fremdenpolizei hätten wir nochmals ein Visum beantragen müssen. Ihm blieb nichts anders übrig, als den Flug anzutreten. Diese Beziehung war zum Scheitern verurteilt. Wir verabschiedeten uns, ohne zu wissen ,ob wir uns jemals wieder sehen werden.

Ich bin hier

Wir hatten die Liebe gefunden.
Uns in der Leidenschaft verbunden.
So glaubte ich, ich glaubte an dich.
Ich wollte niemals von dir gehen.
Nun kann ich es nicht verstehen.
Was ist geschehen?
Ich suchte vergeblich nach dir.
Spürst du die Sehnsucht in mir?
Wo bist du?
Spürst du mein Verlangen?
Wohin bist du gegangen?
Ich bin hier. Komm zurück zu mir.
Werde ich ganz still. Ich sage dir, was ich will:
„Ich bin hier. Komm zurück zu mir."
Schau mir noch einmal ins Gesicht.
Doch du siehst meine Tränen nicht.
Sie verraten den Schmerz den ich immer noch spüre.
Weil ich im Herzen diese unerfüllte Liebe fühle.
„Ich bin hier. Komm zurück zu mir."
Suche mir nach diesem Glück,
dass wir einst erlebten.
Kannst du mir nochmals vergeben?
Die Zeit verging.
Ich weiß noch wie alles anfing.
All die Träume die ich hatte.
Ach, wie schade.
Ich suche dich. Liebst du mich?
Komm zurück zu mir.
Ich warte hier.

Gedicht © Rita Kuonen

Darüber hinaus verdrängte ich diesen Schmerz. Ich musste mittlerweile mit drei Verlusten klarkommen. Deshalb beschloss ich mich für eine Weile in ein Kloster zurückziehen, damit ich wieder klar denken kann. Ich wollte einen freien Kopf bekommen. Ein Kapuzinerinnenkloster hatte mich eingeladen, bei ihnen die Ferien zu verbringen. Die Stille tat mir gut. Ich konnte ein wenig Abstand gewinnen vom hektischen Alltag. Das Kapuzinerinnenkloster St. Ottilia, Grimmenstein lag eingebettet in die hügelige Landschaft des Appenzells mit Blick auf den Bodensee. Entstanden soll das Kloster St. Ottilia im Jahr 1378 aus einer kleinen Beginengemeinschaft. Ein großer Bereich des Klosters stellte die Herstellung der Hausmittel und der Verkauf in der Klosterapotheke dar. Ich bekam ein wenig Einblick in ein klösterliches Leben. Als meine Ferien zu Ende neigten, suchte mich die Priorin auf. Im Gespräch teilte sie mir mit, dass die Gemeinschaft mich gerne als Postulantin aufnehmen würde. Sie glaube fest daran, dass Gott mich zu ihnen geführt hätte. Es wäre ein Zeichen Gottes, dass ich mit ihnen Kontakt aufgenommen hätte. Wenn ich früher der Ruf gespürt hätte, solle auf ihn Ruf hören, bevor er verloren gehe. Ansonsten würde ich nie mehr glücklich werden. Ich war irritiert und fühlte mich in die Enge getrieben. Ich suchte zuerst Rat bei meinem Zwillingsbruder und dann bei meinem Vater. Mein Vater nutzte die Gunst und fand eine Gelegenheit mich, ein für alle Mal los zu werden: „Die Klosterfrauen haben recht. Du solltest nicht länger warten und deinem Ruf folgen. Dein Erbe könntest du spenden, wie es der Heilige Franziskus gemacht hat. Du könntest es deinem Zwillingsbruder vermachen."

Das wollte ich nicht gehört haben und ignorierte seine Aussage. Wie eine Schlange schlich er um mich herum und versuchte erneut eine Unterschrift zu ergattern: „Wir verkaufen das Ferienhäuschen und zahlen die Mutter damit aus", meinte er.

Auf Drängen der Klosterfrauen und auf Drängen meines Vaters trat ich schlussendlich ins Kloster ein. Ich tröstete mich damit, dass ich ja ein Jahr Probezeit hätte, somit wäre ich zu nichts verpflichtet. In der Zwischenzeit hatte mein Vater ohne meine Erlaubnis, dass Ferienhäuschen verkauft. Es stellte sich heraus, dass dieser angebliche Kaufvertrag eine Urkundenfälschung war. Ich blieb auf 30 000. - Fr. Schulden sitzen aufgrund der angeblichen Erbsteuer und Zinsen, die sich folglich angehäuft haben.

Mit der Aufnahme ins Postulat begann die erste Phase der Ordensausbildung. Sie bestand aus dem Erlernen der Ordensregeln und aus einer Bibelschule, also eine Art Theologiekurs. Vertieft wurden die Gleichnisse Jesu und sein Leben unter die Lupe genommen. Selbstverständlich ohne dies jemals kritisch hinterfragen zu können. Ich lernte einen Jesus kennen, der seine Botschaft der Barmherzigkeit verbreiten wollte. Ein Satz und auf den werde später zurückkommen, blieb mir hängen: „Jesus ging aus Nächstenliebe ans Kreuz."

Jesus wurde mir sympathischer. Er hat den Menschen geholfen, strebte ein gewaltloses Leben an und rächte sich nicht für Bosheiten. Im Gegenteil er betete für seine Mörder am Kreuz: „Vater, vergib ihnen; denn sie wissen nicht, was sie tun!" (Lk 23,34). Das beeindruckte mich.

Hier möchte ich ein ergänzender Gedanke, was im Hinblick auf das biblische Verständnis zu beachten ist und bei dem wohl viele Probleme haben: „Was sagte mir nun das Neue Testament in Bezug auf das Gesetz, was Gott durch Mose dem Volk Israel gab?"

Galater 3:24 Folglich ist das Gesetz unser Erzieher geworden, der zu Christus führt, damit wir zufolge des Glaubens gerecht gesprochen werden könnten.

Römer 13:8 Seid niemandem irgendetwas schuldig, außer dass ihr einander liebt; denn wer seinen Mitmenschen liebt, hat das

Gesetz erfüllt. Denn das geschriebene Recht: „Du sollst nicht ehebrechen, du sollst nicht morden, du sollst nicht stehlen, du sollst nicht begehren" und was immer für ein Gebot es sonst noch gibt, ist in diesem Wort zusammengefasst, nämlich: „Du sollst deinen Nächsten lieben wie dich selbst."

Die Liebe fügt dem Nächsten nichts Böses zu; daher ist die Liebe die Erfüllung des Gesetzes.

Was in Galater 5:14 wiederholt wird. Daher ist bei jedem einzelnen Rat, den man in der Bibel findet, die „biblische Gesamtaussage" zu berücksichtigen. Falsch ist es eine einzelne Aussage (Bibelvers) herauszugreifen und getrennt für sich alleine zu bewerten und daraus die angeblich „vollständige" Antwort zu geben. Das beobachten wir vermehrt bei Islamgegner, die gerne einzelne Passagen aus dem Koran herausfischen und dadurch den Islam kritisieren.

Dazu ein Beispiel 1: Apostelgeschichte 15:28 Denn der Heilige Geist und wir selbst haben es für gut befunden, euch keine weitere Bürde aufzuerlegen als folgende notwendigen Dinge: 29 euch von Dingen zu enthalten, die Götzen geopfert wurden, sowie von Blut und von Erwürgtem und von Hurerei. Wenn ihr euch vor diesen Dingen sorgfältig bewahrt, wird es euch gut gehen. Bleibt gesund!" Habgier, Mord, Lüge sind im (mosaischen) Gesetz verboten.

Nun steht geschrieben: Römer 10:4. Denn Christus ist das Ende des Gesetzes, jedem zur Gerechtigkeit, der Glauben ausübt. Darf man also stehlen oder Krieg führen gemäß Apostelgeschichte 15:18? Natürlich nicht, denn der Vers bezieht sich auf Detailregelungen wie bestimmte Dinge gehandhabt werden sollen. Apostelgeschichte 15:18 setzt das Gebot zur christlichen Nächstenliebe nicht außer Kraft. Die tätige Liebe beweist Glauben und ist und bleibt „Gerecht", wie in Römer 10:4 beschrieben.

Ein weiteres Beispiel: Aus dem Gleichnis Jesu von den Schafen

und Böcken, nachzulesen in Matthäus 25:33 ff geht hervor, wer im Weltgericht errettet wird und in das ewige Leben eingeht und wer in eine Vernichtung geht. Was ist zu Rettung zu tun? Matthäus 25:40 und der König wird ihnen erwidern und sagen: „Wahrlich, ich sage euch: In dem Maße, wie ihr es einem der geringsten dieser Brüder getan habt, habt ihr es mir getan."
Was führt zur Vernichtung?
Matthäus 25:45 Dann wird er ihnen antworten und sagen: „Wahrlich, ich sage euch: In dem Maße, wie ihr es einem dieser Geringsten nicht getan habt, habt ihr es mir nicht getan." Und diese werden in die ewige Abschneidung weggehen, die Gerechten aber in das ewige Leben."
Nimmt man dieses Gleichnis für sich alleine, wäre die biblisch vorgesehene Taufe nicht erforderlich. Ist dem so? Nein, das Gleichnis vervollständigt lediglich die gesamte biblische Aussage: Matthäus 28:19 Geht daher hin, und macht Jünger aus Menschen aller Nationen, tauft sie im Namen des Vaters und des Sohnes und des heiligen Geistes, 20 und lehrt sie, Petrus 3:21 Das, was diesem entspricht, rettet jetzt auch euch, nämlich die Taufe (nicht das Ablegen der Unsauberkeit des Fleisches, sondern die an Gott gestellte Bitte um ein gutes Gewissen), durch die Auferstehung Jesu Christi. Das Gebot der Nächstenliebe gilt somit in besonderem Maße im Hinblick auf die Brüder Christi.
Schlussfolgerung um Irrtümer zu meiden oder zu scheinbare Widersprüche aufzulösen: Bei einzelnen Bibelversen ist sowohl den Kontext als auch die Gesamtaussage des Wortes Gottes zu beachten. Zugegeben, das ist stets nicht so einfach und erfordert eine bessere biblische Kenntnis, ebenso in historischer Hinsicht. Ich stand nun den Widersprüchen der Bibel anders gegenüber, alsdann in meiner Jugendzeit.
Während dieser Zeit lebte ich als Postulantin im strengen Orden der Kapuzinerinnen und lernte deren Gemeinschaft

besser kennen. Durch das Mitleben über einen längeren Zeitraum erlebte ich intensiver, wie das Leben in einer Gemeinschaft war. Ich wurde in die franziskanische Spiritualität eingeführt und nahm an den vorgeschriebenen Gebetszeiten teil. Die Zeit des Postulates war stark geprägt von der Kraft der Entscheidung und dem konkreten Schritt der Loslösung aus dem bisherigen Lebensumfeld. Im Gespräch und in der persönlichen Auseinandersetzung erfuhr ich, ob meine Lebenssehnsucht in die Gemeinschaft führt. Der Sinn sollte sein, auf diesem Weg zu einer tieferen Gottesbeziehung zu gelangen. Ich hörte einmal folgendes Zitat: „Ein Schritt ins Kloster ist ein Schritt in die Dunkelheit." Dem musste ich recht geben. Der Mensch begibt sich auf einen völlig ungeahnten Weg und nimmt die Herausforderung der Formation auf sich. Es wird einem ein Spiegel vorgehalten, indem er ein ganz anderes ich wahrnimmt. Der durch die Dunkelheit seines eigenen Inneren, damit er sensibel wird auf das wahre Licht. „Der Schritt in die Dunkelheit" müsste jedoch nicht in einen unerwarteten Schock münden, es müssten nicht plötzlich Abgründe und Tiefen entdeckt werden. Wer in ein christliches Kloster eintritt, schließt einen lebenslangen Bund mit seinem Gott. Der Tag ist streng strukturiert und ein Tag gleicht dem Anderen. Nach der ersten Mahlzeit des Tages gingen die Nonnen auseinander um ihre Arbeiten zu verrichten. Manche bestellten die Gärten, während andere kochten oder darüber hinaus in der Wäscherei tätig waren.

Durch die Versagung weltlicher Genüsse waren wir sehr stark von den Jahreszeiten abhängig. In den Wintermonaten spielte beispielsweise die Einkehr eine größere Rolle als im Sommer, da wir in der hellen Jahreszeit meist mit dem Pflegen von Beeten und Ländereien beschäftigt waren. Diese Nähe zur Natur war der Spiritualität jedoch nur zuträglich, da sie den Menschen zurück auf Gottes Schöpfung besinnen sollte.

Doch hinter den heiligen Mauern traf ich nicht wie erwartet auf den liebenden Jesus und auf seine Botschaft der Nächstenliebe, vielmehr auf herrschsüchtige konkurrierende und vom Leben frustrierten Nonnen. Die anfänglichen Demütigungen und Erniedrigungen interpretierte ich als Prüfung. So wurde mir das von den Mitschwestern vorweg mitgeteilt. Die Leidenszeit sollte als Teil der totalen Hingabe an Jesus gelten. Doch im Laufe der Zeit zerbrach ich an den unmenschlichen Anforderungen. Ich meine, allein die Vorstellung der absoluten Jungfräulichkeit. Immerhin war ich bereits in zwei Männer verliebt gewesen. Das Denken, Handeln und Fühlen wurde von den Mitschwestern bestimmt, wenn nötig mit Manipulation. Ich erlebte sektenähnliche Vorgehensweisen.

Foto: Gemeinde Walzenhause – Kloster Grimmenstein

Klosterleben und Tagesablauf Werktags

05.15 Uhr Vigil + Laudes (Morgenlob)
06.30 Uhr Messfeier
07.00 Uhr Frühstück, Lesung und Betrachtung
08.00 Uhr Arbeitsbeginn
12.15 Uhr Mittagsgebet
12.30 Uhr Mittagessen und Erholungszeit,
anschließend Arbeitszeit
18.00 Uhr Vesper (Abendlob)
18.30 Uhr Abendessen und Erholungszeit
19.30 Uhr Gemeinsame Lesung, anschließend Komplet

Klosterleben und Tagesablauf Sonntags

05.15 Uhr Vigil
06.30 Uhr Laudes (Morgenlob)
07.00 Uhr Frühstück, Lesung und Betrachtung
10.00 Uhr Messfeier
11.30 Uhr Mittagsgebet
11.45 Uhr Mittagessen
18.00 Uhr Vesper (Abendlob)
18.30 Uhr Abendessen und Erholungszeit
19.30 Uhr Gemeinsame Lesung, anschließend Komplet

Wöchentlich wurde ich von der Novizenmeisterin ins Gebet genommen, die mich auf meine Besinnung überprüfte. Es ähnelte an Gehirnwäsche. Der Kontakt zur Außenwelt und zur Familie wurde kontrolliert. Ich musste alle Briefe vorlegen und die Telefongespräche wurden protokolliert. Bücher und Radio waren tabu. Die Freizeit wurde von den Schwestern organisiert. Eigene Bedürfnisse hatten keinen Platz. Das Leben bestand aus Arbeit und Gebet. Es war ein sehr widersprüchliches Leben. Ich empfand die leeren Worthülsen, die zum Himmel gerufen werden als sinnlos. Während des Gebetes schweiften meine Gedanken zunehmend ab. Mit der Zeit wusste ich nicht einmal mehr, was ich überhaupt gesagt hatte. Ich sann: ,Macht das alles überhaupt Sinn?'

In den Erholungszeiten lästerten die Nonnen über einen anderen Orden. Nur weil diese an einem Dorfumzug teilnahmen wollten. - Durch völlige weltliche Entsagung würde man ins Himmelreich gelangen, ermahnten sie. Mir schien das absurd. ,Würde Gott wegen eines Umzuges beleidigt sein?' Ich schüttelte den Kopf und distanzierte mich.

Als ich mich an die Arbeit machte, kam die jüngste Nonne in den Konvent. Wir sollten gemeinsam die Fenster putzen. Sie prahlte, dass sie bereits mit 17 Jahren ins Kloster eintrat. Das seien jetzt schon 10 Jahre her. Sie wäre aufgrund dessen, die bessere Braut Christi als ich. - Ich traute meinen Ohren nicht. Sie meinte das wirklich ernst und bestand auf diese Auslegung. Ich glaubte, im Irrenhaus gelandet zu sein. Wiederholt ließ sie solche Bemerkungen von sich geben. Während der Probezeit sollte meiner Novizenmeisterin mich in die franziskanischen Regeln einschulen. Wir kamen auf den Papst zu sprechen. Sie belehrte mich, dass der Papst der Stellvertreter Gottes sei und seinem Wort hätte man nicht zu zweifeln. Das konnte ich nicht stehen lassen und war neugierig: „Also wenn der Papst morgen verkünden würde, dass Männer 13 jährige Mädchen heiraten dürfen, dann müsste ich das als das reine Wort Gottes betrachten?" Sie bejahte meine fragwürdige Kritik. Diese Aussagen ähnelten einer Sekte. Der Papst als Anführer und die Geistlichen sowie die Nonnen als seine Anhänger.

Abends zog ich mich in meine Zelle (Zimmer) zurück. Ich setzte mich auf mein Bett und nahm das Messbuch, dass mir einst dieser Priester schenkte zur Hand. Ich öffnete es und las seine Widmung. Ich fing an zu weinen und konnte seine Worte von damals, die er über die Priesterweihe äusserte, besser nachvollziehen. Er musste sich ähnlich gefühlt haben wie ich jetzt, als er zum Priestertum genötigt wurde. Ich sah mich in seine Fußstapfen und fühlte mich von Gott bestraft, dass ich damals seine Liebe ausschlug: ‚Doch Gott ist grausam! Ich bin nicht glücklich hier.' Ich schloss das Buch und legte es bei Seite. Ich spielte mit dem Gedanken, ihm einen Brief zu schreiben in der Hoffnung, die Uhr nochmals zurückzudrehen. Dann fiel mir ein, dass er bereits ein neues Leben mit der Witwe begonnen hatte.

Ich suchte verzweifelt nach einem Ausweg. Ich wollte nach diesen elenden sieben Monaten Klosterzeit fliehen. Mir wurde bewusst, dass es nicht einfach wird. Dass der Austritt aus dem Kloster das Ende meiner Vision und meiner Hoffnung sein könnte. Ich teilte meinen Wunsch, das Kloster zu verlassen der Priorin mit und gleichwohl meinen Vater. Er droht mir, dass ich in die Hölle kommen werde und dass mich der Teufel in Versuchung gebracht hätte. Ich solle bitte dort bleiben und nicht schwach werden. Er weigerte sich, mich abzuholen oder mir Geld für den Heimweg zu leihen.

Er wies die Klosterfrauen an, meinen Schriftverkehr einzustellen. Schlussendlich hatte ich das Glück, dass eine Tante auf Besuch kam. Ich erzählte ihr von meinem Leid. Sie hatte eine Idee, dass mir vielleicht einen Pater helfen könnte. Von ihm werden die Nonnen sicher keinen Brief unterschlagen. Er hieß

Pater Josef Heinzmann und war Prior vom Redemptoristenkloster St. Klemens in Leuk-Stadt. Er war Ehe- und Familienseelsorger und schrieb zahlreiche Bücher. Er könne vielleicht meinem Vater gut zureden, da er seit Längerem sein Seelsorger sei. Gemeinsam setzten wir uns an den Tisch und schrieben ihm einen Brief. Dieser nahm sie mit und überreichte ihn dem Pater.

Nach wenigen Tagen reichte mir die Novizenmeisterin einen Brief. Er war von Pater Heinzmann. Die Novizenmeisterin war neugierig und wollte unbedingt wissen, weshalb ein Pater mir einen Brief übermittelt. Ich antwortete: „Wissen Sie Schwester, dieser Pater ist mein Seelsorger und ist im Wallis als Missionar bekannt."

Er teilte im Schreiben mit, dass mein Vater nicht bereit wäre, mich aus dem Orden zuabholen. Unter solchen Umständen hätte er beschlossen, dass er nächste Woche auf Besuch komme. Er werde mit den Schwestern reden und mir eine Bleibe suchen, damit ich aus dem Kloster austreten könne. Zwar hatte das Kloster irgendwie etwas Gutes, man musste nicht einkaufen, keine Miete bezahlen, außerdem kein eigenes Geld verdienen. Jetzt musste ich wieder versuchen, um mein tägliches Brot zu kämpfen.

Im Nachhinein kann ich sagen, wenn eine unter 30-jährige Frau in einen Orden eintritt, lebt sie, wenn sie Glück hat mit lauter Frauen zusammen, die ihre Mutter sein könnten. Hat sie Pech, sind die Mitschwestern bereits im Großmutteralter. Das hatte mir niemand vor Augen gehalten.

Pater Heizmann besuchte die Schwestern und er führte ein langes, intensives Gespräch mit den Nonnen. Anschließend suchte er mit mir das Gespräch. Er meinte, es dürfe nicht sein, dass eine Priorin eine junge Dame überredet ins Kloster einzutreten. Er hat ihr das klar gemacht. Dass mein Vater solche Äußerungen macht, stimme ihn sehr traurig. Ich sei nicht berufen für so einen Orden und könne ohne schlechtes Gewissen aus dem Kloster austreten, denn mich treffe keine Schuld. Ich verabschiedete mich von den Schwestern. Die Priorin trat als Letzte vor mich hin, reichte mir die Hand und verfluchte mich: „Du sollst nie mehr in deinem Leben glücklich werden. Dein ganzes Leben soll von Unglück geplagt werden. Denn der Teufel hat dich zu uns geschickt ...“

Ich war fassungslos und blieb mit offenem Mund vor ihr stehen. - Solche grausamen Worte hätte ich von einer Ordensschwester, die obendrein ein Amt als Priorin ausübte, niemals erwartet. - Diese Sätze begleiteten mich eine ganze Weile. Der Austritt aus diesem Gesindel hatte ich keinesfalls bereut. Ich drehte mich um und gab zurück: „Der Friede sei mit euch.“

Ich begriff, dass diese sogenannte Berufung nichts anderes ist, um Menschen psychologisch zu manipulieren. Mit subtilen Methoden werden Personen zermürbt, bis diese die von der Kirche gewollte Identität annehmen. Die wenigsten Ordensleute haben genug Kraft und Vertrauen in die eigene Urteilsfähigkeit, um sich aus dieser Gefangenschaft ohne Hilfe von außen zu befreien. Basiert doch ein Großteil der Macht eben darauf: das Bewusstsein eines Menschen zu kontrollieren und jegliches kritische Denken auszulöschen. In der Regel haben alle Nonnen eines gemeinsam: Sie haben vor der Hölle und erhoffen durch das Leben im Kloster ins Himmelreich zu gelangen. Wenn das nicht einer Hirnwäsche gleicht, verstehe ich gar nichts mehr.

Gott ist mir nah?

Ich bin auf dem Weg, hinter mir fällt die Pforte zu.
Was mich bewegt, dass bist du.
Ich kniete vor dem Kreuz nieder
und da erinnere ich mich wieder,
was es hieß berufen zu sein?
Was war es, dass ich da konnte spüren?
Warum kann ich es nicht fühlen?
Ist es Fantasie?
Oder war es sie,
die Illusion
oder eher die Depression?
Das schlechte Leben,
keiner konnte mir eine Antwort geben.
Zuerst wollte ich sterben,
dann Nonne werden
und nun bin ich wieder hier,
im wahren Leben, wo ich mich dieses mal nicht verlier.
Du, hoffentlich verlässt du mich nicht.
Schau mir ins Gesicht.
Ich gebe niemals auf.
Schau zum Himmel hinauf
und kann nicht mehr beten.
Habe ich noch die Kraft weiterzuleben?
Trotz allem was geschah,
Bist du mir Gott wirklich nah?

Gedicht © Rita Kuonen

Auszug aus meinem Tagebuch:

Es macht sich eine tiefe Leere in mir breit. Ich fühle mich verlassen, von Gott und von der Welt. Wieder schleicht sich die Einsamkeit ein und ein Hauch der Depression. Ich fühle mich minder. Wenn ich um mich schau, spüre ich, ich gehöre einfach nicht dazu. Schreie, nehme die Hände vor mein Gesicht, doch niemand hört mich in diesem Gefängnis der Dunkelheit und der Leere. Es kommt mir vor als würden alle um mich tanzen und ich sei das Opfer dieses falschen Rituals der Zeit. Wer bin ich? Was bin ich? Woher komme ich? Warum sieht und versteht mich niemand, mein Leid? Spreche ich eine andere Sprache? Wo ist Gott? Warum? Warum nur? Bin ich verdammt für die Einsamkeit? Sag es mir? Sag es mir Gott? Hörst du mich? Ich möchte schreien. Ich möchte raus. Doch keinen Ton kommt aus mir raus. Gott ist so fern. Gott spüre ich nicht. Ich fühle nur eine tiefe innere Leere in mir. Diese Einsamkeit nagt an mir. Sie frisst mich langsam auf, wie einen Virus nagt sie an meiner Seele. Ich schau zum Himmel. Meine Tränen machen mich jedoch blind, so dass ich die Farben nicht mehr erkennen kann die diese Welt zu bieten hätte. Holt mich eine Krankheit ein? Ich dachte ich könne vor der Depression fliehen? Doch der Marathon hat sie gewonnen. Ich sitze mitten drin und merkte es erst jetzt. Von allen Seiten verhöhnen sie mich als der Verlierer. Sie geben mir zu verstehen minder zu sein. Ich fühle mich hässlich. Wie einen Käfer zerquetschen sie mich und ich diesen Druck der Welt nicht standhalten. Doch ich fühle mich zu schwach, mich noch gegen sie zu wehren. Demnach habe ich Freundschaft geschlossen mit meiner Depression. Eigentlich sollte er mein Feind sein. Denn immer und immer wieder höre ich ihre grausame Stimme wie sie sagt, ich sei verdammt zur Einsamkeit und sie lacht.

Je mehr ich weine, desto deutlicher wird der Fluch. Doch keiner will mir helfen, irgendwie meine Hand nehmen und sagen, dass ich einen Wert habe. Es sollte wohl nicht sein! Ich drehe mich um und lass den Kopf senken. Ich sehe den Boden und niemand hatte jemals Mitleid mit mir. Alle rennen neben mir vorbei. Die Liebe brachte Kummer und Leid. War ich nicht gut genug um sie zu kämpfen? Ich betete so oft, Gott möge mir einen Menschen schenken der mich einmal versteht. Einer der mich in seine Arme schließt. Doch nein, der Fluch hatte über mich gesiegt und holte mich immer wieder ein. Ich möchte sterben, es wäre die einzige Lösung aus dieser tiefen Not. Ach lieber Tod, komm und nimm mich doch mit in dein Paradies. Dorthin wo es kein Leid mehr gibt. Dorthin wo ich Liebe finde und das Glück doch keine Rolle mehr spielt. Ich wäre bereit dazu.

Setz dich auf Teufels-Thron

Was macht es schon wenn der andere leidet?
Nur Hohn, ihn aus deinem Mund begleitet.
Kein gutes Wort,
ich passte nicht in dieses Boot.
Es hatte kein Platz für mich,
in Lieblosigkeit wird sie untergehen wie die Titanic
Doch du lachst.
Du machtest keine Bewegung mich zu retten.
Ich könnte noch heute wetten.
Das du im inneren lachst,
Witze darüber machst und wartest,
dass ich untergeh. Aber Eh,
ich werde kämpfen gegen meinem Schmerz,
solange ich spüre mein gebrochenes Herz.
Es weint,
weil es sich ausgeschlossen fühlt.
Von all der Familien-Pein.
Es ist ein elendes Gefühl.
Zuviel Spott und Hohn,
überlasse ich dir der Teufels-Thron

Gedicht © Rita Kuonen

Ins Wallis angekommen, fand Pater Heinzmann eine Arbeitsstelle für mich. Es war ein kleines Mittelklassehotel in Zermatt. Liebevoll führte ein kinderloses Ehepaar diesen heimeligen Betrieb. Es waren sehr fromme und überaus freundliche Menschen. Es war ein Saisonbetrieb und ich wurde als Bedienung eingestellt. Im abgeschiedenen Bergdorf bezog ich eine kleine Personalwohnung mit Sicht aufs Matterhorn. Die Distanz zu meinem Vater, der zwischenzeitlich wieder geheiratet hatte, tat mir gut.

Mit den Jahren habe ich den Kontakt mit meinem Zwillingsbruder sowie mit ihm abgebrochen.

Die neue Umgebung, der neue Job, der neue Freundeskreis, dass alles erfüllten mich. Das erste Mal bekam ich Anerkennung und wurde von meinen Gästen, einschließlich meiner Vorgesetzten geschätzt. Angesichts der Schmähungen durch meine Eltern, Lehrer, Mitschüler und nachfolgend durch die Ordensschwestern kannte mein Duden die Schlagwörter „wahrgenommen werden" nicht. Mein Selbstwertgefühl war dermaßen klein, dass es in eine Hosentasche gereicht hätte. Es war ein unbeschreibliches Gefühl, dieses erste Lob untermalt mit Trinkgeld. Saison für Saison verging und mein Selbstbewusstsein expandierte.

Das Konto füllte sich zusätzlich mit dem schwarz verdienten Trinkgeld. Ich ließ es mir gut. Ich lernte meinen damaligen besten Kumpel kennen. Er war Österreicher und wie ich holte er sein Defizit, durch Feiern im Ausgang und durch die ausgiebigen Kurztrips auf. Ferner mein lieb gewonnener Atheismus mich bei jedem Vorhaben unterstützte. Das Personal verschiedener Hotels pflegten nach Arbeitsschluss in die bestbesuchte Diskothek zu gehen. Bis in den Morgengrauen wurde geplaudert, herumgealbert und getanzt. Mein Schlaf wurde auf das Minimum reduziert. Mein Begleiter, dieser Kumpel heiratete eine Chinesin, die bei einer internationalen

Hotelfachschule ihr Studium zu Ende brachte. Beide zogen daraufhin nach Österreich.

Ein Gedanke ließ mich niemals los. ‚Wer und wo ist mein biologischer Vater?' Durch meine Hypnosetherapeutin bekam ich die Bestätigung, dass meine Mutter im Gespräch von damals zugab, dass dieser fremde Gast mein wirklicher Vater sei. Der Name blieb bisweilen unbekannt. Ich hatte nur ein Indiz in der Hand, dass er Ausländer sein könnte. Weshalb sonst hätte mich mein Vater als solche beschimpft? Der Drang die Welt zu erkunden und neue Erfahrungen zu sammeln verstärkten sich. Ich realisierte meinen Traum, eine Weile in Italien meine Sprachkenntnisse zu festigen. In einer Pizzeria unterschrieb ich einen Arbeitsvertrag bei einem nahe gelegenen Städtchen in Bergamo. Bei einer älteren Dame durfte ich zur Untermiete einziehen.

Überglück nahm ich meine Arbeit als Kellnerin auf. Meinen Traum nähergekommen, vernahmen dieser junge Wirt und ich nach Betriebsschluss ein Geräusch in der Küche. Während ich die Stühle auf dem Tisch stellte, wollte er nachsehen. Als er aus der Küche zurückkam, eilte er zur Kasse öffnete diese, während er mir mit Gesten artikulierte, ich solle mich setzen, knallte er sie fluchend zu. Mit einem Bündel Geldscheine in der Hand verschwand er wieder in die dunkle Küche. Ich vernahm ein paar Stimmen, ein Fremder streckte sein Kopf heraus, versteckt hinter einem Türrahmen musterte er mich ab: „Non ti preoccupare, è la mia ragazza", (Mache dir keine Sorgen, sie ist meine Freundin/Geliebte) beruhigte der Wirt die Herrschaften. Er stellte sich schützend vor mich hin. Als die Herren einen Abflug machten, atmete er tief durch. Unmissverständlich konnte er das Arbeitsverhältnis mit mir nicht weiterführen. Ich stand da ohne Arbeitsbewilligung und somit ohne Aufenthaltsgenehmigung. Der Wirt hatte mich zu lieb gewonnen. Das Risiko schien ihm zu hoch, dass mich die Mafia zu ihren Zwecken missbrauchen könnte. Geschweige vom Bußgeld, dass er hätte zahlen müssen bei einer Razzia.

Ich kehrte in die Wohnung zurück und überlegte: ‚Was mache ich nur? Ich brauche Arbeit und Geld!'

Italien kennt keine Arbeitslosenkassen, geschweige Sozialämter. In Italien bist du ohne Arbeit ausgeliefert. Ich sah nur zwei Möglichkeiten, eine neue Tätigkeit oder die Heimreise. Bestrebt eine neue Herausforderung zu finden, lebte ich mit dem Ersparten. Nach mehr als einem halben Jahr gab ich die Jagd auf. Mein Traum von Italien schien sich in Luft aufzulösen. Neben mir klingelte mein Handy. Es war mein österreichischer Kumpel. Von ihm erfuhr ich, dass er zurück in die Schweiz gezogen ist. Er hätte einen tollen Job als Manager in Interlaken gefunden. Seine Frau sei nach China verreist und wolle das Leben in Europa endgültig aufgeben. Der Anruf erweckte in mir Hoffnung auf eine Arbeit in der Deutschschweiz. Es ging nicht lange, bekam ich Unterstützung bei meinem Umzug. In der Schweiz wartete leider kein Arbeitgeber auf mich. Mein Kumpel konnte mir keine Übernachtungsmöglichkeit bieten. Einen Geldvorschuss lag ebenfalls nicht drin. Gäste im Personalzimmer waren verboten und er war selbst hoch überschuldet. Ohne Geld und mit wenig Proviant im Rucksack fand ich unter einem Felsvorsprung nahe eines Flusses, Schutz. Dort konnte ich mich waschen und hatte zu trinken.

Wieder machte ich mich auf die Suche nach einer sinnvollen Tätigkeit, damit ich von der Straße fortkomme. Ich steckte Dutzende Absagen ein, mit der Begründung: „Frau Kuonen ohne Adresse können wir sie nicht einstellen."

Mein Kumpel stellte mir einen Jungen vor, der einen Nachmieter für seine Wohnung suchte. Bei dieser Gelegenheit bot er mir eine Monatsmiete an, damit er zurück zu seinen Eltern ziehen kann. Diese Gelegenheit konnte ich mir nicht entgehen lassen und auf Handschlag kam der Deal zustande.

Im gleichen Atemzug veranlasste er, dass ich vorübergehend Sozialhilfe beziehen konnte. Hinterher empfing ich in einem Hotel Gäste an einer Hotelrezeption.

Foto: Ilona Laufenweiler - Bergamo

Der Apfel im Garten Eden

Meine Mutter nahm Kontakt mit mir auf. Ich hatte Hoffnung, dass ein Mensch sich durch all die Jahre zum Positiven verändern könnte. Ihre damalige Freundin lud uns zum Kaffee ein und so lernte ich meinen ehemaligen Lebenspartner kennen. Der Freund meiner Mutter verkuppelt uns auf eine spielerische Art und Weise.

Dieser smarte junge Mann hatte es früher faustdick hinter die Ohren. Er war zurückhalten und charmant. Er schien ein tiefsinniger Mann zu sein. Auf einem gemeinsamen Spaziergang schüttete ich ihm mein Herz aus. Ich offenbarte ihm, was mein Vater zu mir sagte über das Gleichnis von Adam und Eva. Schweigend stand dieser zierliche und gut aussehende Mann vor mir und blickte mich an. Nach einer kurzen Pause ergriff er das Wort: „Weißt du, dieser Apfel im Paradies war die Weisheit von der Eva gegessen hatte. Sie wollte nur diese Weisheit gleichermassen Adam weitergeben. Dass Gott dieser Baum wachsen ließ, war von ihm gewollt. Er hat sie nicht aus dem Paradiese gejagt, denn sie wussten nur nicht wie mit all der Weisheit umzugehen. Was das Paradies demzufolge zur Realität machte." So viel Weisheit auf einmal hatte ich bis zu dem Zeitpunkt niemals zuvor gehört. Ich stieß auf einen schüchternen, intelligenten Kerl, der mir eine andere Betrachtungsweise aufzeigte, die ich bisher nie ersichtete. Sein Blickwinkel wies mir eine neue Richtung.

Jeder Mensch braucht einen Menschen, an dem er sich orientieren kann. In der Jugend orientiere ich mich an Mohammed, der mir aus der psychischen Schlacht mit der Familie als Anführer befreit hatte. Im Kloster trug ich mein Kreuz wie Jesus von Nazareth und jetzt habe ich jemanden gefunden, der mir eine neue Botschaft offenbarte. Mein neuer Begleiter glaubte an die Selbstheilung allein durch die Kraft der

Gedanken. Es sei möglich! Die Gedanken und geistigen Fähigkeiten eines Menschen können viel mehr erreichen, als man glaubt. Er lehrte mich, eine positive Haltung einzunehmen. Bemühungen werden erst dann von Erfolg gekrönt, wenn der Mensch voller Zuversicht ist und auf diese Weise seine Selbstheilungskräfte mobilisiert. Er zitierte: „Nicht umsonst heißt es, der Glaube könne Berge versetzen."

Meine Einstellung müsse sich verändern, nur so könne ich meine Seele heilen, selbst von schlimmsten Krankheiten wäre der Mensch in der Lage durch seine persönliche Einstellung und die eigenen Gedanken zu ändern. Dieser Mann schien mehr Fähigkeiten und Weisheiten in sich zu besitzen, als viele vermuteten. ‚Woher hat er nur all das Wissen?' fragte ich mich.

Er nahm sich mir an, mit den schönsten Worten die ich jemals zu hören bekam: „Rita, ich sehe in dir eine Knospe die ich öffnen möchte, denn ich möchte diese wunderschöne Blume sehen."

Er glaubte an die Wiedergeburt und somit an die Schätze der universellen Gesetze. Da draußen gäbe es mehr als unser Verstand erfassen könne. Meine kleine Welt und mein eingeschenktes Denken sollten über die 12 Jahre Beziehung hinauswachsen. Dieser zurückgezogene Mann veränderte mein ganzes Leben. Gott oder Allah hatten meine Gebete erhöht. Es beherrschten mich nicht nur mehr die Glaubensdogmen und die vorgeschriebenen Regeln meiner Eltern. Er sandte mir zwar einer der mich aus den Zwängen meiner Familie befreite, ferner erlebte ich in der Beziehung nicht nur gute Zeiten.

Gedanken steuern die Gefühle in Wechselwirkung. Durch die gewaltige Kraft, die hinter den Gedanken, respektive hinter einer Lebenseinstellung steht, sind wir durchaus selbst fähig unsere Einstellung zum Leben und deren Absichten anzupassen. Mein Lebensgefährte konfrontierte mich mit der tiefsten Ebene des Seins. Die alten Gedanken und Gefühle wurden zunehmend irrelevant. ‚Wie konnte ich mich an der Stelle selber heilen?'

An erster Stelle stand fest, dass ich mir darüber bewusst werden musste, wie ich denke. ‚Was dachte ich größtenteils, wenn ich mit mir allein war?' Ich dachte an die Vergangenheit. An all die Ungerechtigkeit, die mir widerfahren ist. Ich beschäftige mich mit meinem Armen-Ich.

‚Welche Gedanken überkamen mich morgens, wenn ich aufgestanden bin?' An die Angst auf Menschen zu treffen, die mich verletzen? Am Versagen? ‚Freute ich mich auf den Tag oder schleppte ich mich mehr oder weniger durch die Stunden oder war ich froh, wenn der Tag wieder vorbei war?'

Dieses Denken von heute sollte ich ändern und mein Freund ermutigte mich hierfür. Mit meiner Persönlichkeitsveränderung kam ich nur schleppend voran und inzwischen entfachte ein neuer Streit mit meiner Mutter. - Der Friede blieb nicht lange bestehen. - Dem Sprichwort in aller Ehre: „Was Hänschen nicht lernt, lernt Hans nimmer mehr."

Mein Lebenspartner und ich mieteten ein kleines Häuschen in Guttet. Wir bewirtschafteten ein Feld und pflanzen Heilkräuter an. Mein Partner gründete eine Einzelfirma und verkauften Tees, ätherische Öle und Miron-Flaschen. Wir konnten uns gut über Wasser halten. Er war geschickt in Sachen Elektronik, PC und traute sich zu, seinen Internetauftritt selber zu gestalten. Bei einem Start-up durfte der Newsletter nicht fehlen. Er kam gemäßigt an. Ein potenzieller Kunde wurde auf seine Webseite aufmerksam und wünschte sich ein ähnliches Design. Sein zweites Standbein wurde errichtet. Bei seiner Web-Firma ist das Projektmanagement von Websites und die Erstellung von Onlineshops eine wesentliche Kernkompetenz. Er plante, organisierte und führt bis heute Projekte zum Erfolg. Design, Programmierung, Bilder, Produkte, Texte, Suchmaschinen alles fügt er, mit nur zwei Hände und mit seinen Augen für die

Ästhetik, geschickt zusammen. Er stoppte den Ausbau der Erstfirma. Als erfolgreicher Webdesigner hatte er nun alle Hände voll zu tun. Sämtliche Anfragen über eine Webseite erhielt mein Lebenspartner aus der Deutschschweiz. Als dann verlegten wir unser Wohnsitz in den Kanton Bern. Wir richteten seinen Arbeitsplatz und unser Schlafgemach, in einem überaus großen Loft ein. Er hatte Geschmack und legte großen Wert auf eine stilvolle Einrichtung. Er wusste, wie man aus wenig mehr herausholen kann.

Von meiner besten Schulfreundin hörte ich, dass sie in einem Altersheim die Zweitausbildung zur Fachfrau Gesundheit absolviert. Ich setzte mir in den Kopf, meinen Traumberuf nachzuholen. Einen solchen Ausbildungsplatz im Wallis bietet sich ausschließlich Frauen an, die bereits seit Jahren im Betrieb als Pflegerinnen tätig sind.

In der Luzerne Psychiatrie beendete ich meine Ausbildung als hochschwangere Lehrtochter. Die Ausbildung hatte mein Weltbild verändert. Mein Lebenspartner war ein stets geduldiger Wegbegleiter, konnte im Gegenzug wenn ihm etwas nicht passte, genauso jähzornig werden.

Wegen meiner Borderlinesymptomatik und meiner Bipolare affektive Störung kam es einige Male zum Konflikt. Bipolare haben oft durch ihre Krankheit zu wenig Selbstliebe. Als Kompensation orientierte ich mich am Partner, klammerte aus Angst ihn zu verlieren, was zu vermehrten Stress führte und dieser Stress dann wiederum zu vermehrten Phasen. Durch den Druck der Selbstständigkeit war zusätzlich mein Gegenüber belastet, wobei wir uns nicht selten auf die Füße traten.

Dieses Verhalten kann man außerdem Liebessucht oder Beziehungssucht nennen. Beziehung von Borderliner und Bipolaren werden häufig als konfliktreich und instabil bezeichnet. Das muss dennoch nicht sein oder bleiben. Borderliner oder Bipolare können ihre Beziehung desgleichen gut analysieren, Fehler erkennen und beheben. Mithilfe eines verständnisvollen Partners kann das sehr gut funktionieren. Mein Partner kannte meine Krankheit nicht und warf mir des Öfteren vor, dass ich einfach nicht über meinen Schatten springen wolle. Er dachte, es liege allein an der schweren Vergangenheit, die schlicht weg verarbeitet werden kann. Ich bat ihn darum, mich zur Therapie zu begleiten. Wie viele Männer lehnte er ab. Ich entwickelte Notfallstrategien baute Rituale mit ein oder wendete geschickt Vorsichtsmaßnahmen an, um Konflikten vorzubeugen.

Für Betroffene ist es gerade deshalb wichtig, die Selbstliebe zu erlernen. Einen guten Selbstwert aufzubauen und ein erlernter Beobachter zu werden. Wenn man einen findet, der einen mit der Krankheit ernsthaft liebt und sich um Verständnis bemüht, hat die Liebe durchaus eine Chance. Die wichtige Grundlage sich über die Krankheit zu informieren unterließ mein Gefährte. Die krankheitsbedingten schweren Prüfungen wurden, wie sich es später herausstellte, nicht überstanden.

Die bipolare affektive Störung ist durch sich abwechselnde gedrückte und manischen Stimmungen gekennzeichnet. Daher wurde sie früher üblicherweise als manisch-depressive Erkrankung bezeichnet. Die krankheitstypischen Stimmungswechsel werden oft mit dem geflügelten Wort "Himmelhoch jauchzend, zu Tode betrübt" aus Goethes "Egmont" beschrieben.

Meine sogenannten manischen Phasen zeichneten sich leider nicht von diesem „Himmelhoch jauchzend". Im Gegenteil ich wurde narzisstisch, zickig und zum Teil wütend. Weshalb meine Manie sich in dieser Form äußerte, vermute ich liegt in der Kindheit. Meine Psyche hatte einen Schutzmechanismus eingebaut, um mich gegen die Demütigungen meiner Eltern zu wehren. Meine Eltern waren beide Narzissten. Ich kann mir gut vorstellen, dass meine Psyche diese narzisstischen Züge übernehmen musste, damit ich dem Druck nicht erlege. Ich nenne sie mal „die narzisstische Manie". Sie verhalf mir, mich zur Wehr zu setzen. Kam ich in einem Zustand der Manie, hätte ich mich ohne Angst drei Kriegern gegenübergestellt. Ich fühlte mich in dem Moment allem überlegen, fand selbstverliebte Worte, die meinem Vater ähnelten. In der Manie konnte ich als Erkrankte, gerade bei meinen Angehörigen, die sich mir in irgendeiner Art und Weise in den Weg stellten, verbal aggressiv werden. Ich bestrafte mich selber in meiner Beziehung.

Ich lese und höre wiederholt, dass Vorurteile gegenüber Borderliner gemacht werden. Ein Borderliner sei beziehungsunfähig oder manipulativ oder Borderliner lügen. Ich bin Borderlinerin und hatte eine 12-jährige schöne Beziehung hinter mir. Wir haben offen über alles reden können und kann durchaus sagen, dass keiner von uns beiden manipulativ war. Zum Lügen kann ich nur sagen, dass ich zu ehrlich und zu direkt bin. Weshalb ich oft vom Umfeld als arrogant wahrgenommen werden. Beziehungen mit Borderliner können funktionieren. Borderliner brauchen Stabilität und Sicherheit, die bekam ich. Wichtig und zu beachten ist, eine gesunde Kommunikation und Ehrlichkeit. Mein Lebenspartner stand mir in jeder Hinsicht beratend zur Seite. Er bemühte sich, dass ich professionelle Hilfe aufsuchte. Wir waren beide Pharmagegner, weshalb ich eine medikamentöse Therapie ablehnte. Dies verlief nicht ohne Folgen. Unkontrollierte Wutausbrüche und tiefe Trauer beherrschten unser Leben. Meine Gefühle fuhren Achterbahn. Trauer und Aggression wechselten sich wie ein Ping Pong Spiel ab. Es gab eine Zeit, in dem wir uns beide gegenseitig runter geputzt haben. Irgendwann habe ich es aufgegeben, meine Sichtweise darzustellen und er hat oft Ja und Amen gesagt, weil wir es ohnehin richtig brodeln gehört haben. In der Zeit hatte er schleichende Angst vor Streit. Nach einer ambulanten

Behandlung im Krankenhaus war ich wieder mich selbst. Ich wurde ruhiger. Ohne Behandlung war alles eine Katastrophe. Ich setzte alles daran, gesund zu werden. - Eine stabile und gesunde Mutter sollte unsere Tochter betreuen. - 2012 gebar ich diesen „Goldengel". Sie bekam von mir diesen Spitznamen, weil ich von meinem Facharzt Gewissheit erhielt und die Diagnose meiner Krankheit letztendlich feststand. Ich erhoffte mir goldene Zeiten durch dieses Engelchen.

Nach einer Anamnese bekamen meine Symptome einen Namen. Namen, an denen ich mich orientieren konnte. Ich recherchierte im Internet und suchte nach verschiedenen Kolpingstrategien. Ich lernte meine Krankheiten besser kennen und schämte mich keinen Tag dafür. Sie wurde zu einem Teil meiner Identität.

In der erneuten Schwangerschaft verlor ich das Kind in der 12. Schwangerschaftswoche. Zwei Monate später zeigte ein anderer Schwangerschaftstest wiederholt Positiv an. Entgegen den Erwartungen einer harmonischen und glücklichen Schwangerschaft kam ein befremdetes Gefühl in mir hoch. Gleichzeitig stand mein Gefährte dieser Schwangerschaft distanziert gegenüber. Ich wollte das Baby lieben, legte die Hand auf meinem Bauch und bestrebte eine Verbindung aufzubauen. Ich redete ihm zu im Vertrauen darauf, dass es die Liebe spürt, die es verdient hat. - Tage vergingen, zugleich mich ein schlechtes Gewissen plagte. - In der Erstuntersuchung stellte sich der Verdacht, dass dieser Junge an einer Trisomie 21 leiden könnte. Verschiedene Untersuchungen folgten, bis der definitive Entscheid eintraf, vergingen vier Wochen. Wir waren vor dem Kopf gestoßen. Unser Sohn sollte an einem schweren Downsyndrom leiden. Im Ultraschall fiel mir auf, dass unser Junge seine Beine nicht bewegen konnte. Mir kamen die Bilder aus der Lehrzeit hoch, wie ich ehemals in das tränenreiche Gesicht dieser Mutter sah, die ihre zwei schwerbehinderten

Kinder im Rollstuhl hatte. Ich, als psychisch Kranke, trug ein weitaus kränkeres Kind im Schoss. Ich wusste, was das für Folgen haben würde, wenn ich das Kind in die Welt setze. In meinen Berufsalttag stieß ich nicht selten auf jene Schicksale wie dies. Was ich im Ultraschall wahrgenommen habe und von den Ärzten durch die Blume ermitteln bekam, ist dass dieses Kind im Rollstuhl gefesselt, schwerstbehindert ist und hätte wahrscheinlich unzählige Therapien über sich ergehen lassen müssen. Ich wollte dem Leiden nicht zu sehen. Ich wollte meinem Fleisch und Blut vor einem schmerzhaften Leben bewahren. Wenn ich ihn liebe, tue ich das, was ich mir in dem Moment selber gewünscht hätte. Ihn auf keinen Fall, verstandeslos und wehrlos, einem solchem Schicksal ausliefern. Die Ärzte ließen in der 16. Schwangerschaftswoche verlauten: „Das ist eine Hochrisikoschwangerschaft. Nicht selten sterben so schwer kranke Föten bereits im Mutterleib, Frau Kuonen. Da sie das Kind nicht spüren können, besteht die Gefahr einer Schwangerschaftsvergiftung. Das ist lebensgefährlich. Sie können das Kind ansonsten abtreiben!"
Wenn bei der Pränataldiagnostik eine Behinderung oder schwere Krankheit des Kindes festgestellt wird, wird ein Schwangerschaftsabbruch mit einer medizinischen Indikation der Mutter begründet. Hier gab es keine zeitliche Begrenzung, daher war es eine sogenannte Spätabtreibung und folglich straffrei.
Wir mussten uns vor dem Abbruchtermin einer verpflichtenden ärztlichen Beratung unterziehen und bekamen drei Tage Bedenkzeit. Die Abtreibung durfte nicht von dem Arzt vorgenommen werden, der die Diagnose stellte. Ich als Schwangere, bei deren Kind eine körperliche oder geistige Beeinträchtigung diagnostiziert wurde, sollte Informationen über den Ablauf einer Spätabtreibung erhalten und das Leben mit einem behinderten Kind, bei ihrer Entscheidungsfindung

123

berücksichtigen.

Ich bin seit Jahren Mitglied der Exit. Ich weiß genau, wenn mich so ein Schicksal treffen würde, welchen Weg ich gewählt hätte. Mein Sohn war unzurechnungsfähig und die Verantwortung seiner Entscheidung lag bei mir. Dutzendfach klagten Betagte, die täglich Schmerztabletten schluckten, jedoch voll mobil und bei vollem Verstand waren, dass sie sich den Tod herbeisehnen.

Ich entschied mich für den Akt der Liebe und wollte meinen Sohn erlösen. So sehr habe ich ihn geliebt, dass ich ihn geopfert habe. Ich musste lernen loszulassen, was mir als liebende Mutter am schwersten fiel. Ich kann bis heute nicht loslassen und musste mich einigen Vorwürfen stellen. Bei etlichen Untersuchungen und bei verschiedenen Vereinen, an denen ich mich Hilfe suchend um Gespräche bemühte, geriet ich aufgrund meiner Entscheidung auf heftige Kritik. Ich hörte Stimmen wie: „Schauen Sie sich einmal Fotos an. Die Kinder lachen und haben Gefühle. Wie können Sie nur an eine Abtreibung denken?"

Leider bekommt man nicht selten Bilder von den wenigen süßen Babys und Kleinkinder zu sehen, die an einer leichten Behinderung leiden. Über die schweren Fälle wird nicht geredet. Als Fachfrau Gesundheit wurde ich damals mit der knallharten Realität konfrontiert. Die sah leider ganz anders aus. Meiner Meinung nach werden solche Bilder zu reinen Propagandazwecken missbraucht. Solche Vereine verschweigen den Eltern die Realität. Ihnen wird eine Illusion vorgegaukelt, die sich später als falscher Traum herausstellt. Wird ein schwerbehindertes Kind geboren, werden die Eltern daraufhin in ihrem Leid und mit deren Last der Pflege im Stich gelassen. Die überforderten Eltern sind häufig gezwungen ihre Kinder hoffnungslos in Pflegeheime abzugeben.

Durch meine Berufserfahrung kannte ich die nackte Wahrheit und ließ in einer Untersuchung bei einer Gynäkologin verlauten: „Frau Doktor, Sie sehen den Ultraschall. Ich war in der Pflege tätig. Möchten Sie in diesem Körper leben? Würden Sie jeden Tag lachen? Diese Kinder werden älter und fühlen sich schlussendlich als Last der Gesellschaft! Ich bin Mutter und niemand liebt dieses Kind so sehr wie ich. Ich bin verpflichtet, in seinem Namen zu sprechen. Ich erlöse es, weil ich es liebe. Sprechen Sie aus Liebe?" Die Ärztin schaute mich schweigend an, sie fand keine Antwort. Ihr Anlitz verriet mir, dass sie niemals mit meinem Sohn hätte tauschen wollen.

Der Tag rückte näher und ich geriet zunehmend in einem dissoziativen Zustand. Das heißt, die Dissoziation ist eine natürliche, biologisch angelegte Fähigkeit der Psyche, durch die bestimmte eigene Gefühle, Empfindungen, Erinnerungen, Handlungen oder Gedanken dem Bewusstsein unzugänglich bleiben. Die Dissoziative Reaktionen verhindern eine Überflutung des Bewusstseins mit Reizen und verbessern dadurch die Reaktionsmöglichkeiten des Individuums in schwierigen Situationen. Ich ignorierte im Alltag unwillkürlich Eindrücke, die ich als störend oder überfordernd empfand.

In Belastungssituationen kennen viele von uns das Gefühl, äußerlich zu funktionieren, sich selbst dabei kaum zu spüren. Dies alles sind Momente der gesunden Alltagsdissoziation. Ich fühlte mich wie erstarrt. Meine Seele wurde aus dem Leib gezogen und ich fing an, zu funktionieren. Wie eine Maschine programmiert, Entscheidungen auszuspucken und die eingegebenen Informationen zu verarbeiten.

Der Gedanke an den Abbruch ist für mich weiterhin sehr schmerzhaft und voller Schuldgefühle. Es ist nicht wahr, dass mit der Abtreibung alle Probleme für die Frau vorüber sind. Im Gegenteil. Es war furchtbar!

Wir machten uns auf dem Weg. Die Fahrt ins Krankenhaus schien endlos. Der Aufzug in der Klinik fuhr ins dritte Stockwerk. Die Korridore zogen an mir vorüber wie in einem

3D Film. In dieser Dissoziation fühlte ich mich wie eine Außerirdische, eine Beobachterin von einer anderen Welt, die ihre Befehle ausführte.

Wir sollten an einem Tisch Platz nehmen. Die Pflegefachfrau holte ein Pack Medikamente und stellte einen Becher Wasser auf den Tisch. Als sie sich setzte, zog sie den Beipackzettel aus dem Karton und las regungslos die Nebenwirkungen vor, mit einem Tempo verglichen eines Schnellzuges: „So Frau Kuonen haben Sie Fragen?"

‚Wie fragen?', dachte ich. Ich war sprachlos und mein ungutes Gefühl wurde durch ihren Vortrag indes verstärkt. Sie schaute mich an, während sie mir zwei Medikamente vorschob. Ich war geradezu sprachlos, worauf mich mein Lebenspartner schubste und sich erkundigte, ob ich am Vorhaben zweifle.

„Muss ich die jetzt nehmen, kann ich die zu Hause schlucken?", informierte ich mich.

„Nein, die müssen hier im Spital unter Aufsicht eingenommen werden", entgegnete sie selbstbewusst und bestimmend.

Ich nahm den Becher zur Hand und mit aller Kraft rang ich darum mich zu überwinden, diese zwei Todespillen einzunehmen. Während der Fahrt plagten mich Ängste, über die Nebenwirkungen der Übelkeit - fast mehr als die Angst meinen Sohn getötet zu haben. - Eine schlaflose Nacht geplagt von Alpträumen folgte.

Am darauf folgenden Tag trafen wir zum Termin ein. Es war 8:00 Uhr morgens als ich und mein Lebensgefährte das Zimmer bezogen. Die Stunden vergingen. Es war bereits 11:00 Uhr gegen Mittag. Niemand betreute uns. Ich klingelte und machte die Pflegefachfrau darauf aufmerksam, dass ich meine Medikamente einnehmen sollte. Eine Stunde zog ins Land, endlich wandte sich eine Pflegefrau an mich. Gegen 15:00 Uhr platzte meine Fruchtblase, die Wehen ließen erneut zwei Stunden auf sich warten. Schlussendlich musste ich zusätzlich medikamentös behandelt werden. Es wurde Abend, die Uhrzeiger zeigten 18:00 Uhr. Ich verspürte einen Harndrang und eilte zur Toilette. In der Toilettenschüssel wurde ein Auffangbecken eingelegt. In aller Stille gebar ich meinen bereits verstorbenen Sohn. Er hing an einer Nabelschnur und lag im Auffangbecken. Ich wagte nicht nach unten zusehen. Ich war den Tränen nahe und klingelte nach der Pflege. Mein Partner rannte auf den Korridor und rief zusätzlich nach den Personal. Er sucht die Flucht. Ich konnte ihn gut verstehen. Er war hilflos. Es war ein Trauma, welches man wohl nie verarbeiten kann.

Die Pflegefachfrauen trennten die Nabelschnur ab und wickelten den Leib in ein weißes Tuch. Sie überreichten mir diesen kleinen Leichnam. Ich hielt ihn in den Händen und sah in dieses kleine süße Gesicht, das meinem Lebenspartner unglaublich ähnelte. Er hatte ein Lächeln auf seinem Gesicht. Leise sprach ich folgende Worte, die einer liebenden Mutter: „Bitte, verzeihe kleiner Engel. Es war nur ein Akt der Liebe. Du bist nun frei. Fliege hoch!"

Im selben Augenblick erfüllte mich ein überwältigendes Gefühl immenser Liebe. - Für eine Sekunde durchdrang mich dieses unbeschreibliche Gefühl einer gebündelten Liebe, wie sie eine Mutter, verteilt auf ein ganzes Leben ihrer Kinder gegenüber, fühlen kann. Nach diesem Ereignis wusste ich, was Liebe ist. Die Situation gab mir die Antwort auf meinem früheren Gedicht: „Was ist denn Liebe?" Mein „kleiner Engel" riss all die Mauern ab, die ich über die Jahre aufgebaut hatte, um mich vor äußeren Angriffen zu schützen. Ich konnte endlich fühlen und Liebe weitergeben. - Er offenbarte mir, dass ich über all die Jahre meinem Geliebten, nie wirklich Liebe geben konnte. Zu sehr war ich mit meiner eigenen Trauer beschäftigt. Er öffnete mir die Augen, dass ich des Gegenübers letzten Endes wahrnehmen kann.

Welchem Leid musste ich meinem Lebenspartner, der mich so

sehr geliebt hatte, ausgesetzt haben? Er musste hilflos zusehen, wie ich mit meiner Vergangenheit kämpfte. - Das erste Mal empfand ich Mitleid mit ihm. Zugleich war der Schock der Abtreibung zu groß und ich suchte einen Schuldigen. Ich verstrickte mich in Widersprüchen. Zum einen hatte ich Mitleid und zum anderen machte ich ihn schuldig, dass ich meinen Sohn verloren habe. Ich zog mich völlig zurück. Ich lehnte seine Liebe ab, weil ich ihm keine geben konnte. Ich sah es als Betrug, dass ich diese Beziehung führte: ‚Was war es was ich für ihm empfand? Warum bin diese Beziehung eingegangen? Ich hatte ihn immerhin gern?'

Ich liebte ihn, andererseits war diese groß genug um eine Beziehung zu führen? Oder war es die Borderlinesymptome die sich durch Verlustängste äußerten? Ich setzte mich mit diesen Fragen auseinander, stand da ohne Antworten.

Indessen fand er tröstende Worte bei seinen Eltern. Ich fühlte mich alleine gelassen.

Die Psychotherapie wurde Ferien halber von meinem Facharzt verschoben. Vereine wollten nicht mit mir reden, von denen hörte ich den Vorwurf, ich hätte mein Kind getötet, sie seien die falschen Ansprechpartner. Ich konnte mit niemandem reden. Bei meinem Lebenspartner saß der Schmerz zu tief, dass ich ihn nicht ansprechen konnte. Er blockte allzeit ab.

Drei Monate später durften wir die Asche unseres Sohnes auf dem Friedhof der Klinik beisetzen. Er bekam einen Namen und einen Grabstein. Er sollte nach wie vor einen Teil unserer kleinen Familie bleiben.

Auf Wiedersehen

Ich träume und ich träume noch.
Meine Gedanken fliegen hoch.
Solche Gefühle kannte ich vorher noch nicht.
Vor dir sehe ich noch dein süßes Gesicht.
Dein Lächeln und deine Augen die mich im Traum ansehen.
Könnte ich doch einmal vor dir stehen.
Das wird niemals geschehen.
Dafür ist es zu spät.
Es ist mein Verstand der mir von dieser Fantasie abrät.
Es wird nie ein Wiedersehen mehr geben.
Wie kann ich nur ohne dich weiterleben?
Ich liebe dich und du tue es noch.
Auf Wiedersehen, komm fliege hoch.
Meine Gedanken werden weiter um dich drehen.
Meine Mutterliebe bleibt immer bestehen.
Du bist von uns gegangen.
Mein Herz wird ewig plagen.
Ich frage mich warum?
Deine Stimme bleibt für ewig stumm.
Zu schnell gingst du fort, eh alles begann. Und dann?
Dieser Schmerz, es zerriss mir das Herz.
Erinnerungen die mir bleiben.
Alles hüllt sich in Schweigen.
Du musstest gehen.
Auf Wiedersehen.
Wie gerne wäre ich deine Mama gewesen.
All deine Wünsche hätte ich dir von den Augen gelesen.
Ich wollte dir all meine Liebe geben.
Mit dir leben.
Doch du musstest gehen.
Mein „kleiner Engel" auf Wiedersehen.

Gedicht © Rita Kuonen

Andauernd hatte ich grausame Träume, in denen ich mein Kind, das ich getötet habe, suchte. Wenn ich dann erwachte, tastete ich meinen Bauch ab. Ich suchte nach dem Kind, dabei war es ja weg. Ich weinte bitterlich. Mein Bauch fühlte sich leer an und ich bereute meine Tat. Hinterher wurde mir klar, dass ich es tun musste. Es war krank. Ich schimpfte mit Gott und allen Engeln was sie mir angetan haben: ‚Warum? Zu allen Verlusten kam dieser obendrauf. Das ist zu viel! Zu viele Verluste und damit soll ich klar kommen?'

Es war unerträglich. Ich sehnte mich unbeschreiblich stark nach einem Kind. Die Vernunft riet mir davon ab. Hinzu kam meine große Angst wiederholt ein krankes Kind zu empfangen. Ich fühlte mich als Versagerin: ‚Ich bin nicht einmal fähig meinem Partner ein gesundes Kind zu schenken. Was bin ich für eine Frau?' Diese Gefühle kamen andauernd wieder in mir auf , bis ich irgendwann realisierte, dass ich eine wunderschöne Tochter habe. Ich schätzte sie mehr den je. Ich begriff, dass es Paare gibt, die kinderlos bleiben und niemals einen eigenen Säugling in die Arme schließen können. Dieser Gedanke milderte meinen Schmerz. Ich schätze das Leben meiner Tochter und sie braucht mich. Sie braucht eine tapfere Mutter!

Mein Arzt kehrte aus dem Urlaub zurück. Ich sprach mit ihm über meine Verluste. Im Gespräch wurde ein Thema ins Zentrum gerückt, nämlich der Verlust von Ivan. Ich hatte ihn verdrängt und dabei mich nie mehr wirklich öffnen können. ‚War das der Grund weshalb ich mich der Liebe zu meinem Konkubinatspartner verschlossen habe? Habe ich die Antwort auf meine Verschlossenheit ihm gegenüber gefunden?' Alles ergab einen Sinn.

Ich hatte soeben Aufschluss bekommen, was mit mir los war. Die Kruste um mein Herz bröckelte ab. Schließlich konnte ich darüber weinen, dass er nach Kroatien abreisen musste.

Das Thema über eine erneute Schwangerschaft wurde bei mir

auf die Seite gelegt und ich beschloss keine Kinder mehr zu bekommen. Mein Freund wollte sich damit nicht abfinden. Er sehnte sich nach einer größeren Familie. Von einer anderen Richtung wollte meine „Ex-Schwiegermutter" mich dazu bestärken, weitere Kinder in die Welt zu setzen. Der Druck wurde zu groß, dass ich mich in eine virtuelle Welt flüchtete. Während mein Lebenspartner arbeitete, lernte ich in verschieden Sprachforen neue Menschen kennen mit denen ich mich fremdsprachlich unterhalten konnte.

Die Distanz zwischen uns wurde größer und Spannungen häuften sich. Wir waren nicht mehr glücklich miteinander: ‚Wo blieb das Traumpaar, dass wir einst waren?' Ich wollte raus. Ich wollte aus der Beziehung ausbrechen. - Ich wollte keine Kinder mehr und ich konnte seinen Wunsch nicht mehr hören. - Es war unerträglich zu wissen, dass ich ihn nicht lieben konnte wie er es verdient hätte. Ich suchte nach Fluchtmöglichkeiten. Hoffte, dass er sich vielleicht in eine andere verlieben könnte. Dabei hatte ich mir etwas vorgemacht. Er war zu ehrlich um eine solche Missetat begehen zu können. Ich war feige ihm meinen Wunsch gestehen zu können. Innerlich kämpfte ich darum, einen Ausweg zu finden. Im Internet traf ich auf einen attraktiven und erfolgreichen Mann, der frisch geschieden war. Ich erzählte ihm von meinem inneren Konflikt. Er machte mir Mut ehrlich gegenüber meinem Partner zu sein und mit ihm offen das Gespräch zu suchen. Je länger ich warten würde, desto mehr leiden beide darunter.

Mein Partner und ich trennten uns anfangs freundschaftlich. Ich blieb eine Weile im Loft wohnen und wir gerieten erneut aneinander. Durch die Trennung haben wir jeglichen Respekt voreinander verloren. Ohne Obdach wusste ich nicht anders hin als zu meiner Mutter zu ziehen. Dieser Schritt war ein fataler Fehler. Meine Mutter nutze die Gunst der Stunde, sich an uns zu rächen. Ihr einziges Ziel war meine Tochter an sich zu binden. Keine Minute hatte sie an mich gedacht. Sie nutze meine Schwäche förmlich aus. Ich erlitt einen Nervenzusammenbruch. In meiner Bipolare Störung kam aus keinen Phasen mehr heraus. Der dissoziative Zustand erkannte mein Facharzt und riet mir dringend zur Medikamenteneinnahme.

Aus Angst meine Tochter zu verlieren nahm ich sie mit. Ich klammerte mich an sie, denn ich wollte nicht nochmal ein Kind verlieren. Ich erkannte die Folgen meiner Krankheit nicht, da ich mich unaufhörlich im manischen Zustand befand, wie mir der Arzt später bestätigte. Die Manie gab mir ein Gefühl der Überlegenheit, gleichzeitig litt ich an den Verlustängsten die durch das Borderlinesymptome ausgelöst wurden. Mein Ex-Freund versuchte bei mir durchzudringen. Ich war leider nicht mehr ansprechbar. Diese Situation kam meiner Mutter gelegen. Anstatt, dass ich Hilfe bekam, setzte sie einen Keil zwischen mir und meinem Ex-Mann.

In dieser Notlage hätte ich dringend in einer Klinik professionelle Hilfe in Anspruch nehmen sollen. Ich machte jedoch den Fehler meiner sadistischen Mutter zu vertrauen.

Bis in alle Ewigkeit

Ich sage es dir, es tut mir Leid. Ich liebe dich bis in alle Ewigkeit.
Verstehst du mich?
Hörst du meine Stimme nicht?
Siehst du meine Tränen nicht?
Spürst du mein Leid?
Bis in alle Ewigkeit.
Es tut mir Leid,
bis in alle Ewigkeit.
Nur wir zwei,
bis in alle Ewigkeit,
wollte ich doch mit dir leben in Freiheit.
Hatte diese Sicherheit,
bis in alle Ewigkeit.
Wir wollten uns immer lieben,
unsere Liebe sollte siegen.
Dir gehörte mein Leben,
auf rosa Wolken wollten wir schweben.
Für unsere Liebe wollten wir alles geben.
Liebe bis in alle Ewigkeit,
dazu waren wir bereit.
Es sollte nicht weiter gehen.
Kannst du mich denn nicht verstehen?
Bis in alle Ewigkeit,
sage ich Dir es tut mir Leid.

Gedicht an meinen Ex-Partner © Rita Kuonen

Der Konflikt eskalierte, letztendlich zog ich nach verschiedenen Begebenheiten in ein Mutter-Kind-Haus. Die Katastrophe nahm ihren Lauf. In den Krallen der Sozialpädagogen ging ich durch die Hölle. Auf gut gemeinten Rat meines Ex-Partners fand ich im Mutter-Kind-Haus alles andere als Hilfe.

Derzeit lebten vier Frauen mit ihren Kindern dort. Damit war das Haus voll belegt. Die Mütter waren zwischen 23 und 40 Jahre alt, die Gründe für ihren Aufenthalt unterschiedlich. Was uns verband, war die totale Erschöpfung und das Gefühl nicht mehr weiter zu können. Die Mütter dürfen so lange bleiben, wie sie es brauchen. Das wollte man uns Damen weiß machen. Doch die Realität sah anders aus. Am Kopf des Mutter-Kind-Hauses stand ein herrschsüchtiger sadistischer Gruppenleiter, der seine Überlegenheit durch Demütigungen präsentierte. Durch Sorgerechtsentzug und Aufenthaltsverlängerung wurden uns Frauen sukzessive gedroht. Ein Machtinstrument uns Hilfsbedürftigen Mundtod zu machen. Der lieblose Umgang ähnelte einem Häftling. Wir wurden zu verschiedenen Ämter verpflichtet, sollten die Herrschaften bekochen, bewirten und unterhalten, von Entlastung keine Rede! Auf der Webseite wird groß beworben:

„Die Stiftung X Emmental bietet betreute Wohnformen an, in welchen schwangere Frauen und Mütter mit ihren Kindern einen Lebensraum und professionelle Betreuung finden. Tagesstruktur und Betreuung stellen das Wohl des Kindes sicher, bieten einen stabilen Rahmen und individuelle Förderung für Mütter und Kinder. Kernanliegen sind eine sichere Bindung zwischen Mutter und Kind, die Stärkung der Mutterkompetenzen und ein stabiles soziales System. Ziel ist die bestmögliche Wiedereingliederung von Mutter und Kind in die Gesellschaft."

Dieser sogenannte Lebensraum ähnelte einem Gefängnistrakt, welcher durch strenge Kontrollen überwacht wurde. Wir mussten Rechenschaft darüber ablegen, wann, wo und wie wir ein und ausgehen. Wie zu Stasizeiten observierte man unser Privatleben. Anstatt die Kompetenzen der Mutter zu fördern, wurde sie schrittweise entmündigt. Mit haltlosen Begutachtungen und übertriebener Kritik wurden wir unseres Selbstwertgefühls beraubt.

Das soziale stabile System, welche der Mutter die bestmögliche Wiedereingliederung zum Ziel haben soll, wurde durch Lügen ihren Aufenthalt systematisch verlängert. Aus ein Gutachten des Mutter-Kind-Hauses sollte die Entwicklung unsere Tochter ein Defizit von einem halben bis ganzen Jahr aufweisen. Aufgrund dieses Gutachtens erklärte das Jugendamt, die heutige KESB, dass mein Aufenthalt um ein Jahr verlängert werde. Mein Ex-Partner und ich schöpften Verdacht, dass die Stiftung durch die gewinnbringende Besetzung der Wohnungen ihre Gewinne erzielt. Ich sollte demzufolge Opfer dieser Intrige werden.

Wiederholt musste ich die Kindertagesstätte darauf aufmerksam machen, dass sie meiner Tochter regelmäßig die Windeln wechseln sollen, damit sie keine Harnwegsinfektion bekommt. Ich bekam sie abermals mit prall vollen Windeln zurück, mit denen die ich ihr morgens anzog.

Als meine Tochter während eines Spazierganges mit der Kindertagesstätte ohnmächtig wurde, legten diese sie ohne an Folgen zudenken, schlichtweg auf eine Parkbank. Unterdessen war ich zum Putzen des Treppenhauses verdonnert worden. Als diese wieder eintrafen, legten Sie mir das erschöpfte und kranke Mädchen in die Arme. Ich war außer mir und schrie die Betreuerin im Treppenhaus an: „Sagen Sie mal, spinnt ihr eigentlich? Habt ihr jemals daran gedacht, dass Sie dehydriert sein könnte oder einen Sonnenstich abbekommen hat? Was seid ihr für Betreuer? Von euch soll ich professionelle Betreuung erhalten? Ihr habt sie doch nicht alle? Ihr seid ein inkompetentes Pack! Von Medizin keine Ahnung!"

Ich legte mein Kind ins Bett und rief auf dem schnellsten Weg meinen Ex-Partner an, er solle so schnell wie möglich kommen. Denn die Betreuer verweigerten mit mir mit meiner Tochter in den Notfall zu fahren. Anschließend brachte er unsere Tochter, mit Verdacht auf Lungenentzündung, ins Inselspital Bern. - Die Betreuer hatten in ihrer Verantwortung kläglich versagt.

Es kam zu wiederholten Zwischenfälle, welches die Sozialkompetenzen dieses Betriebes infrage stellen. Meine Anspielungen und Aufforderungen wurden mit einer Abmahnung beantwortet. Dem ließ mich nicht beirren. Meine Manie verhalf mir zu einem wohl gesonnenen Selbstwert. Der Gruppenleiter und ich gerieten vielfach aneinander. Er beabsichtigte mich zu erniedrigen indem er meinen Ex-Partner zitierte. Womit er nicht gerechnet hatte, war dass ich nichtsdestotrotz meinen Ex-Partner schätzte. Das war er sich von anderen Frauen nicht gewohnt. Ich entgegnete in meiner manisch-narzisstischen Haltung: „Herr X, Sie können noch so lange meinen Ex zitieren, Sie werden nie so intelligent sein wie er. Er wird Ihnen stets weit Überlegen sein!" Was ich da sagte, war mein voller Ernst. Ohne meine Manie wäre ich an diesen wiederholten Demütigen zerbrochen. Angesichts des Umganges der Sozialpädagogen fühlte ich mich in die Kindheit zurückversetzt.

Daraufhin wollte der Gruppenleiter mich loswerden. Eine Sanktion nach dem anderen wurde verhängt, meine Tochter miteinbezogen. Zu guter Letzt setze er uns, ohne ein Obdach gefunden zu haben, auf die Straße. Dank meinem gutherzigen und hilfsbereiten Ex-Mann konnte ich aus diesen grausamen Fängen entfliehen. Wir deckten das Lügengebilde dieses skrupellosen Gruppenleiter gemeinsam auf. Mit der Erziehungsberatung Langenthal wurde seine Lüge, über den Entwicklungsstand unserer Tochter, widerlegt. Anschließend reichten wir beim kantonalen Sozialdienst Bern Beschwerde gegen ihn ein. Über den Ausgang des Verfahrens sollten wir nicht informiert werden.

Ich hatte eine Wohnung gefunden in der selben Gemeinde meines Ex-Partners. Abwechslungsweise betreuen wir unsere Tochter. Zwischenzeitlich entwickelte sich eine tolle Freundschaft und mittlerweile kann ich meine Liebe zu ihm besser beschreiben. Ich liebe ihn, wie jemanden sein Bruder liebt. Er ist einer der wertvollsten und wichtigsten Menschen in meinem Leben. Heute stehe ich einem Mann gegenüber, der zu wenig Wertschätzung von mir erhielt.

Ich bin erwachsen geworden. Ich bin aufgewacht und denke, all die Rückschläge haben dazu geführt, dass ich mich selber besser kennenlernen konnte. Ich kann mich meine Vergangenheit stellen und nicht mehr länger beherrscht sie mich.

Der Kreis fängt sich an zu schließen und ich nenne meine Haltung „Ichzentriertes Denken". Denn viele Borderliner setzen das Gegenüber, egal in welcher Beziehung es steht, anfangs als Ideal dar und sie rücken aus ihrem Zentrum heraus. Wichtig ist es, aus Enttäuschung zu lernen. Sie können sich selber mit gewissen Strategien coachen oder disziplinieren. Hinterfragen weshalb jemanden gewisse Situationen mehrmals widerfahren. Es sind alte Muster die aufgelöst werden müssen. Ich bat meinen Ex-Partner aufrichtig um Verzeihung.

Ich diesem Versöhnungsakt mit der Vergangenheit schrieb ich meinen Vater eine Mail:

Guten Tag

Ich habe heute mit dem Zivilstandsamt geredet. Ich habe herausgefunden, dass du von Gesetzes wegen, da du mit Mama verheiratet warst, automatisch als Vater eingetragen wurdest.

Ich erklärte ihr, dass ich großen Respekt vor dir habe, dass du uns, trotz allem hochgezogen hast.

Denn wir wurden beide von Mama betrogen. Du als Ehemann und

Vater, ich als Tochter. Ich sagte zu ihr, dass ich kaum glaube, dass du in dem Moment gelogen hast, als du sagtest, dass ich nicht von dir sei. Da sprach sicher der Schmerz des Betruges aus dir.

Ich habe versucht, mit Mama zu reden. Sie streitet alles ab und meint das du lügst. Ich verstehe ihre Reaktion, denn sie ist fremd gegangen und wird sich wahrscheinlich schämen für diese Taten. Wie auch immer, ich habe kein Recht zu urteilen. Ich würde nur gerne wissen, woher meine wirklichen Wurzeln stammen. Ich hoffe, du hast Verständnis dafür und bitte dich höflich um deine Hilfe.

Liebe Grüße Rita Kuonen

Leider konnte er mir nicht weiterhelfen und ich muss die Umstände akzeptieren, wie sie sind.

Das Singleleben bot viel Freiraum und ich schaute mich nach einer sinnvollen Tätigkeit um. In St. Urban wurde ein temporäres Asylzentrum eröffnet. Da ich im Fernstudium den Master in Advanced Studie in „Transkulturellen Kompetenzen und Ethik" anstrebe, ergab sich die Gelegenheit, durch die Invalidenversicherung an einer Reintegrationsmaßnahme teilzunehmen. Das Asylzentrum wurde nach einem halben Jahr abgerissen. Dementsprechend bot ich meine Dienste als freischaffende Gesundheits- und Sozialberaterin an. Als Betroffene möchte ich psychisch Kranken in schwierigen Situationen begleiten. Ich möchte sie coachen, wie sie mit erlernten Kolpingstrategien ihre Symptome bewältigen und ihnen aufzeigen, wie sie alternative Methoden ausschöpfen können.
Wie ich haben viele Personen eine gewisse Abneigung gegen Medikamente. Einige pharmazeutische Produkte haben nämlich eine ganze Reihe von Nebenwirkungen auf den

menschlichen Körper. Naturheilmittel helfen dem Körper, sich selbst zu heilen. Viele Ärzte haben eine Abneigung dagegen ihren Patienten Naturheilmittel zu verschreiben. Einer der Gründe dafür ist ihre enge Verbindung zur pharmazeutischen Industrie.

Ein Beispiel ist das Aspirin® - von der Naturheilkunde zur analytischen und synthetischen Naturstoffchemie - die Weidenrinde hatte schließlich über viele Jahrhunderte große Bedeutung als Naturheilmittel, bevor im 19. Jahrhundert die Wirksubstanzen isoliert, in ihren chemischen Strukturen als Derivate der Salicylsäure bestimmt und chemisch modifiziert wurden. Die Synthese der Salicylsäure gelang erstmals Hermann Kolbe, Professor für Chemie in Marburg. So oder ähnlich wurde im Grunde genommen Griffonia, die afrikanische Schwarzbohne (5 HTP) als natürliche Alternative zur Behandlung von Depressionen eingesetzt. Es wurde viel spekuliert und geforscht, wodurch Depressionen eigentlich ausgelöst werden könnten. Heute weiß man, dass ein Ungleichgewicht von Überträgersubstanzen im Gehirn wie Serotonin, Melatonin, Dopamin und Noradrenalin, dafür mitverantwortlich sind. Serotoninmangel führt zu Depressionen, Ängsten, Panikattacken, Schlaf-, Ess- und Gedächtnisstörungen. Das in der afrikanischen Schwarzbohne natürlich vorkommendem L-5-HTP hat eine positive Wirkung auf das zentrale Nervensystem. Die Wirkung beruht auf der Verstoffwechslung zu Serotonin im menschlichen Körper. Im Rahmen einer norwegischen Studie wurde bewiesen, dass 5-HTP den Schlaf verbessert. In zwei weiteren Studien in Spanien und Italien, konnte die Wirksamkeit bei Migräne nachgewiesen werden.

Durch meine zahllosen Recherchen im Internet durchschaute ich das Spiel der Pharmaindustrie. Sie schaut in der Tat nicht selten der Natur ab. Die Wirkung der pflanzlichen Inhaltsstoffe werden gewinnbringend synthetisiert. Ziel der Verkauf mit einem Patent auf Medikamente anzukurbeln. Ich glaubte fest daran, dass es für jedes Medikament ein Naturheilmittel gibt. Bis jetzt konnte ich die ganze Haushaltsapotheke durch Naturheilmittel ersetzten und das ohne Homöopathie!

Daher startete ich meine erfolgreiche Selbstbehandlung und berate Menschen im Internet. Mein Wissen und meine Strategien wollte ich an Betroffene weitergeben, indem ich mich als Publizistin im Internet starkmachte. Mein Internetauftritt kam sehr gut an und ich erhielt positive Feedbacks.

Daraufhin wollte ich einen Stammtisch eröffnen und mit weiterer Betroffenen durch eine Theatergruppe „PsychArt" eine Lösung zur Verarbeitung negativer Gedanken durch Kunst ermöglichen. Eine Theatergruppe psychisch Kranker, die ihre Gefühle durch Kunst ausdrücken und sie dem Publikum Näher bringen. Es sollte zu einem besseren Verständnis solcher Krankheiten kommen. Mit dem Ziel, die Hemmschwelle zwischen Nichtbetroffener und Betroffener, zu durchbrechen. Die Barriere überwinden in dem die psychischen Krankheiten als solche endlich anerkannt werden. Es soll Menschen Mut machen das Thema hemmungslos anzusprechen.

Kreuzzug und Dschihad

Ich komme auf einen Satz zurück, den ich bereits im Kloster gehört habe: „Jesus starb am Kreuz aus Nächstenliebe." Betrachten wir die Geschichte aus einem historischen Aspekt. Zu jener Zeit herrschten Gewalt volle Zeiten. Jesus musste berechnend und vorausschauend handeln. Er ging mit seinen Predigten ein großes Risiko ein und war nicht gern gesehen. Das Risiko von den Gegnern angegriffen zu werden, war enorm. Wie 600 Jahre später Mohammed pflegte zu sagen, wenn einer sein Leben für viele hingibt, der findet das Paradies. Wollte Jesus durch seinen Tod seine Anhänger schützen? Sein Tod war ohne Zweifel aus Nächstenliebe, nämlich die Nächstenliebe zu seinen Jüngern. Die Kirche will durch diesen Akt ihre Gläubigen von der Erbsünde freisprechen. Dem möchte ich gerne widersprechen, denn Jesus hat durch seinen Tod, lediglich seine Feinde von der der Sünde des Massenmordes befreit. Er befand sich in derselben Situation wie später Mohammed in Mekka. Er wusste Haar genau, dass wenn es zum Kampf kommen würde, hätte er und seine Anhänger keine Chance diese Gegner zu besiegen. Er gab somit sein Leben in der Hoffnung, dass seine Botschaft weiter verbreitet wird und somit seine Jünger verschont bleiben.
Die Bibel ist weder ein Geschichtsbuch noch ein wissenschaftliches Buch. Sie ist im Übrigen nicht von einem einzigen Autor verfasst worden. Sie enthält selbstverständlich nicht den Wissensstand heutiger Menschen. Wer solche Ansprüche an die Bibel stellt, hat sie nicht verstanden und keine Ahnung von der Geschichte und ihrer Entstehung. Die Bibel ist ein Sammelwerk aus Erzählungen und Berichten. Das Alte Testament befasst sich mit dem Erbe eines Volkes der Israeliten und der Juden. Die frühen Erzählungen gehen auf eine mythische Vorzeit zurück und wurden erst ein paar

Hundert Jahre vor Christi Geburt zusammengetragen und aufgezeichnet. Dabei ergaben sich Parallelen, abweichende Darstellungen, unterschiedliche Berichte, die gemeinsam aufgenommen wurden. Diese wurden zu sehr geschätzt, um sie einfach beiseite zulegen. Mit dem Neuen Testament sieht es nicht anders aus. Es handelt sich um Überlieferungen. Diese antiken Autoren verfolgen eben ein anderes Ziel als jene von heute.

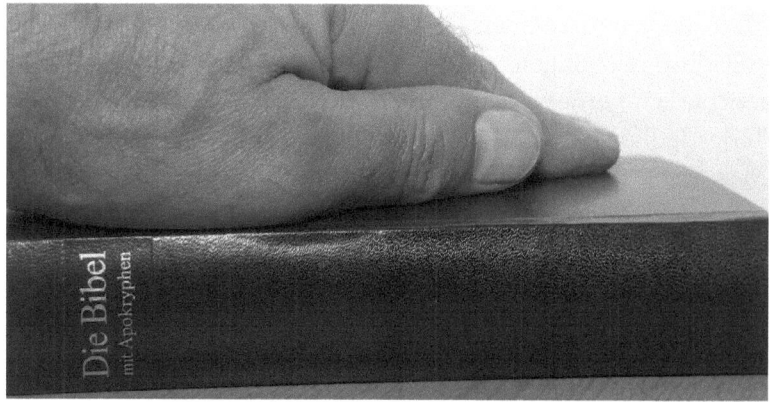

Foto: Lupo - pixelio

Die Migration löst offenbar bei vielen sogar Überfremdungsängste aus. Viele würden die Zuwanderung aus muslimischen Ländern gern begrenzen oder wenn möglich verbieten. Am deutlichsten ist die Ablehnung gegenüber muslimischen Zuwanderern bei Anhängern der rechten Partei zu beobachten. Denn diese Partei weiß, meiner Meinung nach geschickt, welche Fäden gezogen werden müssen, um eine Volkshetze anzutreiben.

Das Thema Flüchtlinge steht exemplarisch für die Gespaltenheit der Gesellschaft. Entgegen der Mehrheit, die Weltoffenheit, Toleranz und Gleichwertigkeit will, und jene nicht ganz kleine und laute Minderheit, die Abschottung, nationale Rückbesinnung und Ungleichwertigkeit fordert.

Man muss anerkennen, dass es große Teile des Volkes gibt, die nicht besonders informiert sind. Sie geben sich desgleichen keine Mühe, glauben dafür umso besser genau zu wissen, was der Fall ist. Der Islam habe Deutschland bereits unterwandert und wolle sich nun auf die Schweiz ausbreiten. Auf welche andere Religion werde so viel Rücksicht genommen? Welche andere Religion sei abermals so beleidigt. Der Islam gehöre nicht nach Europa. So wenig wie Christen in deren Länder. Die meisten Kriege welche es gab, waren Religionskonflikte. Mit dem Wissen des Papstes wurden damals Millionen von Juden umgebracht. Dieser Papst hat sogar die Kanonen gesegnet. Nicht zu vergessen den Holocaust, ohne dass er diesen Wahnsinn gestoppt hätte.

Bis dato missionieren Christen in fremden Ländern, um die Menschen zu bekehren. Diese unterwandern sogar den Glauben vieler Muslime. Für die Christen gibt es nur ihre eigene Religion. Ob diese Menschen Mission gutheißen, interessieren die christlichen Missionare nicht. Das Christentum hat sich weltweit verbreitet. So staune ich manchmal sehr, wie junge Christen in der Petrusgrotte dort am Boden daher kriechen und wie der letzte Papst abermals den Boden küsste, über den täglich Hunderte von Touristen aus aller Welt gehen. Dass müssen jedoch ganz religiöse christliche Fanatiker sein. In Tharsus dasselbe christliche Spiel im Geburtshaus des Apostels Paulus. Tausende Christen suchen monatlich diesen Ort auf. Der Ziehbrunnen dort hat immer noch wie vor ein paar Tausend Jahren Wasser. Dieses Wasser soll heilig sein und die Seele damit reinigen, wenn man es trinkt. Ein hoher katholischer Geistlicher forderte Besucher auf, es zu trinken. Es soll den Körper und den Geist reinigen, sagte er zu allen Anwesenden. Leute berichten, dass sie nach dem Trinken mehrtägigen Durchfall kriegten, den sie nur mit Medikamenten stoppen konnten. ‚War das die Reinigung der Seele?'

Wie bereits erwähnt, mit der größten Selbstverständlichkeit unterwandern christliche Missionare islamische Länder. Man darf die Muslime nicht mit Al Kaida und Terroristen auf die gleiche Stufe stellen. Nebenbei bemerkt, war dies bis zum 11.9. nirgends auf der Welt ein Thema. Man kann kein einziges islamisches Land mit einem anderen islamischen Land vergleichen. Es gibt Länder in denen es mehrere islamische Strömungen gibt, welche sich gegenseitig bekämpfen wie z. B. Schiiten und Sunniten. Muslime missionieren verglichen mit Christen in keinem anderen Land. Genauso wenig klopfen diese an die Türen, wie es einige christliche Gemeinden tun. Wie wir nun wissen gab es sowohl Gräueltaten unter den Christen, jüngstes Beispiel ist der Jugoslawienkrieg, bei dem orthodoxe Christen in Srebrenica einen Massenmord an Muslimen verübten. Man muss sich überdies mit dem kritisch auseinandersetzen. Es ist eine Tatsache, dass Christen in islamischen Ländern unterdrückt und zum Teil getötet werden. Schlimm finde ich die Situation in Nigeria, bei der wahllos christliche Kinder und Frauen umgebracht worden sind.

Ich wollte wissen, wie die Schweizer auf diese Unterwanderdungs-Theorie kommen? Natürlich ist es richtig, dass der Klassenwiderspruch zwischen Ausbeutern und Ausgebeuteten nach wie vor in Westeuropa der Hauptwiderspruch darstellt. Kommen abermals Islamkritiker mit dem Argument, dass man sich das nicht gefallen lassen muss, dass man hier den Islam in dieser Weise als Institution vor die Nase gesetzt bekommt. So eine Bewegung, wie sie jetzt stattfinde, der Verbreitung des Islam in Westeuropa sei nicht gut. Das komme überhaupt nicht infrage!

Die USA-Imperialisten haben gar nichts dagegen, dass hier die Bewegung stattfindet. Vielmehr wollen sie daraus profitieren. Dem muss der entsprechende Widerstand entgegengesetzt werden. Selbstverständlich sind Menschen aus Syrien, dem Irak und anderen betroffenen Ländern, welche durch imperialistische Kriege, die in gleichen Maße von europäischen Staaten mit unterstützt werden, jedenfalls von Regierungen derselbigen, geflüchtet. Dennoch ist der Islam hier nicht willkommen. Das sei zwei Paar Schuhe, heißt es. Wer das verwechsle, sei ein Dummkopf, habe ich einmal in einem Kommentar gelesen. Das sei nichts als ein fauler Trick des Imperialismus, der dazu diene, Europa in eine gesellschaftliche Katastrophe zu ziehen.

„Weshalb sollten wir einen permanenten Bau neuer Moscheen hier dulden? Das kann doch nicht wahr sein. Oder von irgendwelchen islamischen Sekten gar, wie beispielsweise der pakistanischen Ahmadiyya, welche sich in dieser Hinsicht rührig macht? Ganz flächig wollen diese perspektivisch hier aktiv werden ... Der Idealismus, und dazu zählen bekanntermaßen sämtliche Religionen, entspricht der reaktionären Ideologie der herrschenden Klassen. Es bedarf wohl keiner Frage, dass das bekämpft werden muss und nicht etwa das Gegenteil der Fall ist, indem eine Ausbreitung gefördert wird." Diese scharfe Kritik bekam ich aus einem Statement von Maria Weiss zu lesen. Was ich dort gelesen habe, ist dass die gute Dame außer Acht gelassen hat, wer diese Kriege und Terroranschläge initiiert hat. Dann müssten wir letztendlich die Amerikaner nicht mehr in unser Land willkommen heißen. Ferner sie sagt, dass wenn Flüchtlinge die Religion nicht mehr öffentlich praktizieren, dann diese doch willkommen sind. Genau diese Menschen sind aus dem Regime geflüchtet. Islamkritiker sollten den Fokus nicht verlieren, dass hinter dieser ganzen ISS-Maschinerie die USA steht. Weshalb wird der einzelne Moslem dafür angeklagt und die USA freigesprochen? Ich habe nie gesehen, dass man alle Ausländer dafür verantwortlich macht, was die Mafia alles anrichtet oder noch besser dass man das kolumbianische Volk für die Taten der Guerilla verantwortlich macht.

Es begann im Irak, Sommer 2013, als in Syrien der Krieg nun mehr als zwei Jahre tobte und der Westen sich immerfort nicht zu einem Eingreifen entscheiden konnte, häuften sich die Berichte über Morde und Massaker. Seit fast eineinhalb Jahren hält der IS die gesamte Welt in Atem, spätestens seit der Veröffentlichung verschiedener Videos, in denen die Hinrichtungen westlicher Journalisten, Helfer und oppositioneller Kämpfer für die Welt dokumentiert werden.

Ein Messer, orangefarbene Overalls, ein Henker mit britischem, manchmal eben mit französischem Akzent. Mit der Enthauptung vor laufender Kamera bediente sich der islamische Staat gleichzeitig auf brutale Art und Weise der Medien. Als 2003 die Amerikaner in den Irak einmarschierten, stürzten sie Diktator Saddam Hussein und verdrängten alle seine sunnitischen Anhänger aus dem öffentlichen Dienst. Viele wurden inhaftiert und saßen seither im Gefängnis. Hunderttausende sunnitische Iraker unter ihnen Generäle, Offiziere, Soldaten und Beamte, gerieten weiterhin ins Abseits.

„Ohne diese Entwicklung nach dem Einmarsch der USA hätte es den IS nicht gegeben", sagt Günter Meyer vom Zentrum für Forschung zur arabischen Welt an der Universität Mainz.

Nicht nur meinen Kollegen und Bekannten will ich die Folgen dieser amerikanischen Strategie aufzeigen. Ich war bisher stets der Meinung, es reicht ein wenig geschichtliches und politisches Hintergrundverständnis, dennoch gehen die Verschwörungstheorien weiter. Weit schlimmer, dass eine ganze Völkergruppe aufgrund dessen unschuldig diskriminiert wird.

Foto: Alexandra Bucurescu

Die Verdrängung war nach wie vor präsent. Mein Glaubensbekenntnis aus der Jugendzeit drang weitgehend nicht zu mir durch.

Als Verdrängung wird in der Psychoanalyse ein angenommener psychologischer Abwehrmechanismus bezeichnet. Bedrohende Sachverhalte werden durch den Mechanismus tabuisiert oder Vorstellungen von der bewussten Wahrnehmung ausgeschlossen. Verdrängung wird hier als gewöhnlicher, bei allen Menschen auftretender, Vorgang aufgefasst. Das Konzept der Verdrängung geht auf Sigmund Freud zurück und gilt als zentraler Bestandteil der psychoanalytischen Theorie. Er meint, sie konstituiere eine anfängliche Spaltung des Seelenlebens in die Bereiche des Bewusstseins und des Unbewussten.

Weshalb kam es bei mir zu dieser Spaltung? Wie müssen wir uns den Prozess der Verdrängung eigentlich vorstellen?

So wurde einmal ein Psychoanalytiker Wolfgang Schmidbauer zu dieser Frage was da eigentlich passiert befragt. Seine Antwort lautete wie folgt: „Stellen Sie sich eine Fabrik für Stressverarbeitung vor, die einen gewissen Vorrat an Energie gebunkert hat. Normalerweise funktioniert alles reibungslos, der Stress wird weggearbeitet. Bald fällt viel an, bald wenig; je nachdem wird mehr Energie verbraucht oder weniger. Gefährlich wird es, wenn die Energie erschöpft ist. Dann ist die Verarbeitung von Ängsten und Kränkungen nicht mehr möglich. Sie überfallen das Ich mit Panikattacken, Depressionen, Zwangssymptomen. Nichts funktioniert mehr. Wenn jemand in seiner Verdrängungsfähigkeit sehr geschwächt, wenn er sehr traumatisiert ist, kann er eben geringen Stress nicht mehr verarbeiten. Manche Kriegstraumatisierten empfinden letztlich das Ticken einer Uhr als unzumutbar und bekommen einen Wutanfall."

Ähnlich musste es mir bei meiner Stressverarbeitung der

Kindheit und Jugend ergangen sein. Erst wenn die Funktion der Verdrängung versagt, gibt es Probleme. Man muss herausfinden, was die Überlastung verursacht hat. Dazu muss erst Mal die Verdrängung aufgedeckt und erforscht werden. Ich löse jedoch keine Verdrängung auf, wenn nicht die Notwendigkeit dazu besteht. Freud sagte übrigens, dass man zum eigenen Verdrängten denselben Zugang hat wie zur Psyche eines anderen Menschen. Man hat davon eigentlich keine Ahnung, ist auf seine Kombinationskünste angewiesen und auf die Intuition.

In meinem Quartier kam es vermehrt zu Übergriffen, sodass ich zum Schutz, jeweils abends wieder einen Hidschab anzog. Das vertraute Gefühl konnte ich trotzdem nicht einordnen.

Ich saß bei meinem Ex-Freund und mit unserer Tochter beim gemeinsamen Abendbrot. Neue Terroranschläge wurden von Extremisten verübt. Das Thema Islam brodelte. Es ließ mir keine Ruhe. Ich wollte nicht glauben, dass alle Muslime solche Henker sein sollen. Ich recherchierte im Internet. Wollte Bestätigung meiner Theorie, dass sich das arabische Land in einer Zeit befand, wie unser Westen einst im Mittelalter. Beharrlich zog ich den Vergleich zu den Kreuzzügen. Die Vorstellungen vom islamischen Dschihad und den christlichen Kreuzzügen mögen ähnlich erscheinen, nichtsdestotrotz gab es Unterschiede.

Ein französischer Historiker. Jean Flori, Mediävist und Forschungsdirektor des Staatlichen Zentrums für soziologische Forschung und des Zentrums für höhere Studien der mittelalterlichen Zivilisation in Poitiers, ist Autor des Buches „Der Heilige Krieg: Entstehung der Idee des Kreuzzugs, im christlichen Abendland". Auf die Frage, ob es möglich sei, die Kreuzzüge mit dem islamischen Gedanken des Dschihad zu vergleichen, erklärte Flori gegenüber ZENIT: „Es ist eine schwierige Frage, die man nicht mit ein paar Worten behandeln kann. Ich würde sagen 'Nein', wenn sich die Frage um den gegenwärtigen Dschihad dreht, in dem Masse wie er gepredigt wird und beklagenswerterweise von den muslimischen Fanatikern, die wir Islamisten nennen, praktiziert wird."

„In der Tat haben die Islamisten, eine Politik des blinden Terrors angenommen und schlagen gegen westliche Bevölkerungen wahllos zu, mit keinem anderen Ziel als Rache und rassistischem und religiösem Hass", erläuterte der Historiker. Im Gegensatz dazu hätten die Kreuzzüge, ganz gleich wie schrecklich und verurteilenswert sie gewesen seien, ein anderes Ziel gehabt, erklärte Flori, nämlich die Rückgewinnung und Verteidigung des Heiligen Grabes in Jerusalem, des wichtigsten heiligen Ortes des Christentums, der 638 von den Muslimen erobert wurde. Trotzdem könne im Mittelalter in einem bestimmten Sinne der Kreuzzug mit dem Dschihad verglichen werden, nämlich in dem Sinne, dass „sie beide Massaker und Grausamkeiten zuließen". Es gebe jedoch bemerkenswerte Unterschiede, hielt er fest. „Der Dschihad wurde von Anfang an von Mohammed, dem Gründer des Islam, praktiziert. Jesus hingegen lehnte in seinen Handlungen und in seinen Predigten jeden Griff zu den Waffen und Gewalt ab." „Der Dschihad, in seiner kriegsähnlichen Form, wurde von Beginn an erlaubt", bemerkte Flori. „Er ging dem christlichen Heiligen Krieg voraus, der eine Abweichung von der kirchlichen Lehre war. Das Ziel des Dschihad war die Eroberung von Gebieten, die vom Islam nicht besiedelt waren, den sogenannten Kriegsgebieten, mit der Absicht, islamisches Recht zu etablieren und nicht, um seine Einwohner zu bekehren."

„Der Kreuzzug hatte die Rückeroberung der heiligen Stätten und der alten christlichen Gebiete zum Ziel, die durchgehend von zahlreichen christlichen Völkern bewohnt wurden", sagte der französische Historiker.

Ganz zufrieden war ich mit seiner These nicht, immerhin ging es bei jenem Dschihad genauso um Rückeroberungen, sprich der Heiligen Stätte des Islams. Was der Historiker verschwieg, war dass es bei den Kreuzrittern nicht bei ihren Eroberungen der Heiligen Stätten blieb, diese weiteten sich desgleichen aus.

Was oftmals fehlt in den Diskussionen um diverse Islamthemen, ist die Kenntnis der Begrifflichkeiten. Manche Begriffe wurden nicht selten als Zerrbilder oder als Schlagworte benutzt, sodass diese Begriffe andere Gestalten annahmen. Diese Begriffsverwirrung herrscht übrigens desgleichen unter Muslimen. Ich setzte mich an den Computer und wollte herausfinden wie es zu diesen Begriffen des „Heiligen Krieges" und des „Dschihad" kamen. Grundlage der Definition des „Heiligen Krieges" waren die verbindlichen Ausführungen des heiligen Augustinus über das Wesen des gerechten Krieges (bellum iustum), auf denen die kanonistische Lehre des Hoch- und Spätmittelalters (Gratian) zurückzuführen. Drei Kriterien traten für einen gerechten und gottgefälligen Krieg hervor:

1. Ein Krieg muss im Namen und auf Anordnung einer legitimen Autorität z. B. Kaiser oder Papst, geführt werden. Dem Augustinus schwebte die Idee eines unmittelbar von Gott autorisierten Krieges vor, die sich im Mittelalter mit der Vorstellung von Christus als dem König des transzendentalen Gottesreiches verbindet; dieses anzugreifen, kämen einer Störung des göttlichen Heilsplanes gleich.

2. Ein Krieg darf nur aus einem gerechten Kriegsgrund (iusta causa), hervorgerufen, sprich eine Unrechtshandlung (iniuria) eines Gegners, geführt werden. Bei Augustinus vertrat jedoch das Argument, dass ein auf göttlicher Autorität beruhender Krieg seiner Natur nach gerecht sei.

3. Dem Krieg müssen gute Absichten (rectae intentiones) zugrunde liegen, daher er soll von der göttlichen Liebe und Barmherzigkeit, getragen sein, wobei die Apologeten der

Kreuzzüge die Liebe zu den christlichen Brüdern und Schwestern betonen, nicht aber die den Zeitgenossen unverständliche Liebe zu den Feinden.

Der Kreuzzug wurde der Christenheit nach Auffassung der Zeitgenossen unmittelbar von Gott, durch den Mund des Papstes, befohlen. Die Kreuzritter legten ein Gelübde ab. Es sei ein Akt der Bußübung. Das erinnerte mich an die Worte der Novizenmeisterin, die mir zu verstehen gab, dass der Papst das Sprachrohr Gottes sei. Wenn eine solche sektenähnliche Aussage Kriege rechtfertigte, stand ich der guten Absicht der Kreuzzüge des Christentums skeptisch gegenüber und genau diese Volksgruppe zeigen mit dem Finger auf Muslime, die Mohammed als Sprachrohr sehen. Der Koran sei ein Buch des Teufels, wer hatte hingegen damals mit Kreuzzügen und Hexenverfolgung ein Pakt mit Teufel geschlossen?

Ich forschte weiter. In seiner Eigenschaft als Krieg diente der Kreuzzug zum einen der Rückeroberung christlichen Besitzes, insbesondere Palästinas, dass durch das Leben und den Kreuzestod Christi geheiligt war und zudem einst zum Römischen Reich gehört hatte, zum andern der Verteidigung gegen echte oder vermeintliche Glaubensfeinde innerhalb und außerhalb der christlichen Welt. Daraus erhielt ich die Antwort, dass der Kreuzzug desgleichen zur Bekämpfung Ungläubiger diente. Hier konnte ich eine Parallele finden zur damaligen Rückeroberung von Mohammed bei Mekka und der Ausdehnung des Islams. Weshalb wirft man heute Mohammed diese Kriege vor? Und weshalb werden die Kreuzzüge lediglich als geschichtliche Abweichung der Bibel abgetan? Diese Rückeroberungen wurden auf beide Seiten aufgrund heiliger Stätte und zur Bekämpfung Ungläubiger vollzogen.

Bei solchen Kreuzzügen wurden Muslime, heidnische Sklaven und Balten, Mongolen, Schismatiker wie griechisch oder russisch Orthodoxe, Häretiker, zuzüglich politische Gegner des

Papsttums weggeschafft. Neben den höchstes Ansehen gewährenden Kreuzzügen zur Befreiung oder Verteidigung Jerusalems wurden Kreuzzüge gleichwohl in anderen Teilen der mittelalterlichen Welt wie zum Beispiel des Nahen Ostens, Spanien, Nordafrika, die baltischen Länder, Osteuropa inklusive Westeuropa durchgeführt. Das hatte wohl kaum mehr alleine mit der Rückeroberung der Heiligen Stätte zu tun, wie es dieser Historiker pflegte zu erklären. Es ergaben erneut Übereinstimmungen mit der IS.

Ich stieß im Internet auf die Begriffserklärung des Dschihad. Durch die islamistischen Bewegungen hat übrigens der mittelalterliche Begriff des Ǧihād eine Wiederbelebung und Umdeutung erfahren. Das Wort das „Anstrengung, Einsatz" bedeutet, heißt dem zufolge nicht „Heiliger Krieg".

Im Koran finden wir in verschiedenen Passagen unter anderen das verwandte Wort Ǧāhada „sich einsetzen". All diese werden nicht ständig in kriegerischer Bedeutung verwendet. Freilich wird auch der „Einsatz auf dem Wege Gottes" (Ǧihād fī sabīl Allāh) den Muslimen als gottgefällig empfohlen; in Koran 9, 24 und 9, 81 werden diejenigen getadelt, die sich weigern, ihr Vermögen und ihre Person auf dem Wege Gottes, d. h. um Gotteswillen, einzusetzen. Welcher Art nun dieser „Einsatz" sein soll, das war und ist vielfältiger Interpretation offen. Die Koranstellen beziehen sich meist auf den Kampf gegen die heidnischen Mekkaner. Später hat man die Eroberungskriege (futūh) ebenso als Ǧihād aufgefasst wie alljährliche Raub- und Beuteexpeditionen an der Grenze oder Sklavenjagden.

Bereits der Theologe al-Ġazzālī (1058–1111) hat den bloß militärischen Einsatz für den Islam als den „kleinen Ǧihād", den Kampf gegen die eigene Triebseele als den „großen" und eigentlich verdienstvollen bezeichnet. Wie diese Feststellungen des Korans im Einzelnen interpretiert werden, ist ein Thema, mit dem sich die Gelehrten unablässig auseinandersetzen. Die islamischen Rechtsgelehrten beschrieben in ihrer Mehrheit als Ziel des Dschihad zunächst die Verteidigung der Muslime gegen Angriffe von außen und die Verbreitung des Islams mit Waffengewalt. Sie sind heute überwiegend der Meinung, dass mit der Verbreitung des Islams die Ausbreitung eines politischen und juristischen Systems gemeint ist, nicht etwa die Verbreitung einer religiösen Überzeugung. Nach dem ebenfalls im Koran zu findenden Satz „Es gibt keinen Zwang in der Religion" verzichtete man auf Zwangsbekehrungen. Vor allem stellt der Koran fest, dass die Angehörigen der sogenannten Buchreligionen nicht unter Zwang zum Islam bekehrt werden dürfen. Die Ausrufung des Dschihad durch den Herrscher, der Eroberungen zum Ziel hatte, war freilich mit einer Reihe von genau festgelegten Voraussetzungen verbunden, wie die eines „Heiligen Krieges" im Christentum. Diese mussten ein ausgesprochen hohes Maß an Realitätssinn zeigen. War der Feind bereit, eine entsprechende Summe zu zahlen, konnte vom Dschihad ohne Weiteres abgesehen werden. Auch aus dieser Regel wird deutlich, dass es im Dschihad des Mittelalters nicht in erster Linie um die „Ausbreitung des Islams" als Glaube, sondern um die Ausbreitung der Herrschaft der Muslime, also um politische, wirtschaftliche oder strategische Ziele ging, die mit religiösen Fragen im Grunde nur wenig zu tun hatten, ja häufig nicht mehr als eine ideologische Basis für machtpolitische Überlegungen bildeten. Kann man durchaus davon ausgehen, dass der „Heilige Krieg" im Christentum wie der „Dschihad" beide nur politische Zwecke verfolgten.

Im 20. Jahrhundert befassten sich nur wenige Würdenträger mit der Kirchengeschichte. Trotz der Aufbrüche der ökumenischen Bewegung und des Zweiten Vatikanischen Konzils wurde das Geschehen mehr oder weniger ad Akte gelegt.

Jonathan Riley-Smith der evangelischen Kirche nahm das Thema Kreuzzüge wieder auf und nannte den angeblichen

„Heiligen Krieg" als eine Aneignung legitimer christlicher Besitzrechte. Auf katholischer Seite hat z. B. Arnold Angenendt im Kontext seiner Kritik, die Kreuzzüge als schwere Hypothek bezeichnet, nicht nur dass Päpste diese Kriege guthießen, freilich sie über dies initiiert haben.

Die Revolution und die Reform unseres Landes haben wir größtenteils Martin Luther zu verdanken. Er ließ die Bibel in hiesiger Sprache übersetzen und machte sie allen zugänglich. Der Reformator stellte sich der Macht von Papst und Kaiser. Aufs Schärfste kritisierte dieser Augustiner-Mönch den Ablasshandel der katholischen Kirche. Der angebliche Nachlass diente dazu den zeitlichen Sündenstrafen durch Gott gegen die Zahlung eines kräftigen Obolus an den Papst in Rom und die Bischöfe vor Ort. Im Auftrag von Papst und Bischöfen zogen Ablassprediger durchs Land, um den Gläubigen ihr letztes Ersparte zu entlocken. Damit sollen sie sich ihr Heil im Himmel erkaufen können. Das ist einer der größten Skandale der Kirchengeschichte. Luthers Thesenprotest war der Beginn unserer Neuzeit oder gar der Moderne. Eines war er sich bis an sein Lebensende gewiss: „Gott ist nicht der strafende Richter." Später greife ich dieser Satz erneut auf jedoch in einem anderen Kontext. Die Reformation brachte Bildung und daraufhin nahmen wissenschaftliche Entdeckungen rasant zu: Dampfmaschine, Mikroskop, Taschenuhr, Fallschirm, Fernrohr und Telegraf wurden erfunden. Herausragende Wissenschaftler wie Kopernikus, Kepler, Galilei, Newton und selbst Einstein waren überzeugte Christen. Heute macht die Wissenschaft eine Kehrtwende und erklärt die Bibel für unglaubwürdig.

Dieser kleine Einblick in unserer Geschichte soll uns ein besseres Verständnis für unsere Brüder im Nahen Osten liefern. Stellt sich erst recht die Frage, ob der Westen den Fortschritt im Nahen Osten verhindert hat? Ein Blick zurück zeigt uns, dass es durch wiederholte Einmischung verschiedener Weltmächte des

Westens, die Eskalationen im Nahen Osten oftmals förderten. Der gut gemeinte Friede wurde bis heute nicht gesichert.

Die Medien berichten von Anschlägen, Terror und Enthauptungen. Vergessen, dabei, dass noch heute Hänflingen in den USA und in China die Todesstrafe verhängt werden. Zu diesen Hinrichtungen höre ich hierzulande wenig Stimmen. Geschweige vom mutmaßlichen Giftgasanschlag auf den syrischen Präsidenten, der vermutlich durch die USA beauftragt wurde und über die Drohnenangriffen in Pakistan, die seit 2004 von der CIA verdeckt durchgeführte Kampagne, dabei angeblich im Rahmen eines Kriegs gegen den Terror, handle. Auch hier gähnendes Schweigen. Niemand stoppt „die amerikanischen Terroristen!"

Drehen wir die Uhr zurück in unser Mittelalter und betrachten das Leben unsrer Vorfahren, waren öffentliche Enthauptungen an der Tagesordnung. Hexenverfolgungen und Ketzer mussten ihr Leben lassen, sei es schuldig oder unschuldig. Erst in spätrömischer Zeit bestand ein zusammenhängendes System von Grammatik- und Rhetorikschulen, die im städtischen Bereich angesiedelt, von Laien getragen und mit bezahlten Lehrkräften ausgestattet waren. Anfangs hatte die Kirche kein Interesse an der Einrichtung eigener Schulen, geschweige dass dem Volk die Schriften oder Bibliothek zugänglich gemacht wurden. Ähnlich scheint es im Nahen Osten auszusehen. In den arabischen Ländern leben rund 100 Millionen Analphabeten. Der Koran wurde in Altarabisch verfasst und kaum jemand in der Wüste hat ihn jemals gelesen. Meines Erachtens lebt der Nahe Osten sinnbildlich im Mittelalter.

Die Medien verbreiten Bilder und Filme von IS-Kämpfer die ihre schwarze Flagge hochhält. Dieses Motiv hat die US-Armee oft verwendet, um die heroische Eroberung eines Ortes zu feiern. Ihr schwarzes Gewand repräsentieren die westlichen Richter. Die geköpften Geiseln sind in dieselben orangen

Overalls gekleidet, wie sie die muslimischen Insassen der US-Gefängnisse Guantanamo und Abu Ghraib tragen mussten. Damit bezweckt der IS eine Umkehr der Macht. Die IS-Propaganda arbeitet demzufolge mit Symbolen. Das folgende Durchsäbeln des Halses lässt sich in seiner Rohheit kaum ertragen. Es stellt das Gegenteil eines Todes dar, wie ihn der Westen zur Norm erhoben hat: rasch, aseptisch, schmerzfrei. Trotzdem kommen einem die Bilder, die wir aus Zeiten des Mittelalters kennen, bekannt vor.

Experten vermuten, dass die Hinrichtungen vorgetäuscht sind. Für eine Köpfung fließe zu wenig Blut. Die IS-Videos zeigten gerade so viel, wie der westliche Zuschauer ertrage. Sonst hätten sich die Filme niemals so weit verbreitet. Das wirkliche Ermorden habe später stattgefunden. Die Illusion wird als echt verkauft, ein Kniff westlicher Politpropaganda.

Wird der Westen für all ihre Taten gerächt? Wollen Muslime ihre annektierten Länder zurückerobern? Rechtfertigen die IS-Soldaten den Dschihad als ein Angriff des Westens?

Wie lange bleibt der Krieg noch bestehen?

Die Sonne scheint über dem Horizont
und ich weiß nicht, ob es sich noch lohnt.
Ach, wie unendliche dieser Krieg die Welt zerstört,
wie einen den anderen sukzessive verhöhnt.
Ich weiß nicht ob ich noch vertrauen kann.
Warum fangen wir nicht mit dem Frieden an?
So kann man nicht weiterleben,
wenn wir nicht nach Frieden streben.
Wie lange bleibt der Krieg noch bestehen?
Wie viele Tote müssen wir vor unseren Augen sehen?
Wie lange müssen Menschen noch an Hunger leiden?
Warum müssen Soldaten weiter streiten?
Will denn niemand verstehen?
Warum dürfen Völker nicht ihres eigenes Weges gehen?
Müssen Länder sterben?
Können wir nicht gemeinsam friedlich leben?
Generation über Generation,
eine hasst die andere Nation.
Das Blut der Väter fließt weiter,
Kinder werden zu nächsten Streiter.
Erinnerungen werden aufwachen,
das Gesicht wird mit dem Tode lachen.
Wenn einer das Messer gegen den anderen zieht
und die Geschichte wieder aufblüht.
Weil Krieg erzeugt Krieg,
sag, wem gebührt nun der Sieg?

Gedicht © Rita Kuonen

Wie sieht die Wahrheit über den islamischen Staat aus? Langsam ist es sicherlich an der Zeit, ein paar Fakten zum islamischen Staat auf den Tisch zu legen. Momentan erschrecke ich abermals, was ich in den Medien zu hören bekomme.

Der islamische Staat gilt mittlerweile als reichste Terrororganisation der Welt. Dieser wacht derzeit im Irak und Syrien über Ölfelder einschließlich über verschiedene Raffinerien. Hinzu kommt, dass das dicht besiedelte Gebiet durch Erpressungs- und Lösegeldforderungen gesteuert wird. So haben diese Männer es gar nicht nötig, die eigenen Soldaten auf Flüchtlingsbooten ins Land zu schmuggeln oder sie auf eine jahrelange Wanderung zu schicken. Ich möchte wetten, dass sich nicht ein einziger IS-Terrorist unter den Flüchtlingen befindet. Ich gehe davon aus, dass es genau die Leute sind, die vor dem IS-Terror flüchten. Was heißt das konkret? Dass der Terror in Paris, der ihnen jetzt zugeschoben werden soll, keiner dieser IS-Krieger war. Es geht weiter. Der islamische Staat rekrutiert nicht nach Glauben, er benötigt sadistische Männer, die vor Gewalt nicht zurückschreckt. Er benötigt keinen, der an seinen Glauben festhält und sich durch die Angst der ewigen Verdammnis hemmen lassen würde. Ich ziehe daraus den Schluss, dass der IS ein Kind der USA ist.

Mit den Terroranschlägen von Paris und den Bombendrohungen von Hannover habe der islamische Staat bewiesen, dass er seinen Krieg im gleichen Ausmaß auf Europa ausweiten wolle, wird uns durch Medien suggeriert. Die Öffentlichkeit ist entsetzt, die Medien schüren unsere Ängste und kaum einer wagt zu kritisieren, dass der IS ein Produkt der USA ist. Ich betone, dafür gibt es zunehmend Beweise. Hören wir uns zunächst einige Stimmen an, die von unseren Medien verschwiegen werden: „Dass der IS seine zahlreichen Anhänger finanzieren, mit Waffen versorgen sowie fast 400 000 Quadratkilometer Fläche in Syrien und im Irak unter Kontrolle halten kann, lässt auf eine kräftige finanzielle, militärische und logistische Unterstützung schließen", sagt Mosayeb Na'imi, Politikwissenschaftler und Generaldirektor der arabischsprachigen Zeitung Al-Wafag, gegenüber Sputnik Persian. Die Terroristen bekommen von denjenigen Rückhalt, die an einer Fortsetzung des Syrienkrieges interessiert sind, nämlich die USA und die Golfmonarchien. „Obwohl sich die USA öffentlich zum Kampf gegen den IS bekennen, finanzieren sie andere Terroristengruppen, die die IS-Ideologie teilen und Massenmorde auf dem Gewissen haben: Ahrar as-Sham und die Al-Nusra-Front," bekundet der Politikwissenschaftler weiter. Laut dem Experten hätten diese Terrorgruppen ohne Unterstützung aus Übersee niemals weite Gebiete und Öllagerstätten unter ihre Kontrolle bringen können. Die Beteuerungen aus Washington, dass US-Flugzeuge den Terroristen aus Versehen Lebensmittel, Medikamente und Waffen abgeworfen hätten, sind für Na'imi nichts weiter als Lüge. „Der IS weiß sehr einflussreiche Staaten hinter sich: die USA, Saudi-Arabien, Katar und ihre Verbündeten", äußerte der Experte gegenüber der Öffentlichkeit.

Die USA versucht zu verschleiern und täuscht einen Kampf gegen die Terroristen vor, dass bestätigt gleichsam die Nahostjournalistin Hafsa Kara-Mustaph. Es liegt auf der Hand, dass nicht ohne Grund in der Türkei den Transfer der Terrorkämpfer zur Verfügung gestellt wurde, so konnte die IS getrost expandieren. Das Erdöl wird auf dem Schwarzmarkt in weite Teile der Länder geschmuggelt. Von Israel wird es dann schlussendlich in westliche Staaten verkauft. Laut den Experten spielt die Türkei für den Schmuggel die entscheidende Rolle.

Ein weiterer Hinweis kam am 17. Oktober: Das irakische Militär habe ein großes Lager mit US-Waffen und Raketen im Besitz des IS gefunden. Das Depot sei entdeckt worden, als die irakischen Militärkräfte Gebiete zurückerobert hätten, die vorher vom IS kontrolliert worden seien, schreibt das Internetportal maxpark.com. Von Journalisten darauf angesprochen, sagte ein Sprecher des Pentagons, die US-Waffen würden seit vergangenem Jahr ‚vermisst', aber er widersprach der Unterstellung, die Vereinigten Staaten hätten bewusst den IS damit beliefert, heißt es in einem im Blog alles-schallundrauch.blogspot.ru veröffentlichten Beitrag, auf den sich maxpark.com beruft.

Am 8. Juli 2015 hat sogar Präsident Obama während einer Pressekonferenz zugegeben, dass die USA die Finger im Spiel haben: „Mit den zusätzlichen Schritten, die ich vergangenen Monat befohlen habe, beschleunigen wir die Ausbildung der IS-Kräfte, einschließlich der Freiwilligen aus den sunnitischen Stämmen in der Anbar-Provinz."

Nicht nur dass die IS-Kämpfer von den USA und ihren Verbündeten ausgebildet, bewaffnet und finanziert werden, sie erhalten von ihnen überdies militärische Unterstützung, verdeckt in Schwarz gekleidet und ISIS-Fahnen wehend; im Rahmen der sogenannten Operation „Shader" attackieren sie syrische Ziele unter dem Vorwand des Kampfes gegen den IS, so titulierte am 2. August 2015 die britische Zeitung Sunday Express: „SAS verkleiden sich als ISIS-Kämpfer in Undercoverkrieg gegen Dschihadisten. Mehr als 120 Mitglieder des Eliteregiments halten sich gegenwärtig in dem kriegsgeschüttelten Land auf."

Die Anschläge von Paris ist eine vorsätzliche Desinformation der Bürger durch eine Lügenpresse, die mit aller Macht Fragen und Diskussionen über die Ursachen des Terrors unterdrücken und das Denken in eine politisch gewollte Richtung lenken. Zumal das Bild bereits eine Fälschung war. Wie einst das Bild, das von der Bühne aus das Publikum in der Konzerthalle Bataclan kurz vor den ersten Schüssen zeigen soll, tatsächlich in Dublin aufgenommen wurde, nicht in Paris und schon gar nicht kurz vor den Anschlägen. Mit einem Klick werden diese Lügen in den Sozialen Netzwerken rasend weiterverbreitet. In der gesamten Berichterstattung werden die Anschläge auf den IS reduziert. Jedesmal wenn größere Terroranschläge wie 9/11, Charlie Hebdo oder Paris stattfinden, werden irgendwelche Pässe gefunden. Sind IS-Terroristen, die von der CIA ausgebildet werden wirklich so naiv? Ich glaube kaum, immerhin lag wenige Stunden später interessanterweise ein Bekennerschreiben der ISIS vor. Wenn die ISIS dermaßen naiv ist, wie konnte sie dann den französischen Geheimdienst so leicht täuschen? Innerhalb einer Stunde nach dem Anschlag in Paris, ohne jeglichen Beweis stand der Täter ISIS fest. So funktioniert Propaganda.

Durch die Terroranschläge und vor allem durch die tagtägliche Medienberichte werden Angst und Hass gegenüber bestimmten kulturellen Gruppen innerhalb der Bevölkerung geschürt. Dies wiederum erzeugt eine Spaltung der Gesellschaft und ist ein Volk gespalten, herrscht keine Einheit was wiederum dazu führt, dass diese sich leichter lenken und manipulieren lassen. Ohne Zweifel profitiert die USA von einem geschwächten Europa! Das sollte Beweis genug sein, dass es hier auf keinen Fall um einen Heiligen Krieg, zur Ausbreitung des islamischen Glaubens geht. Die sogenannten „Dschihadisten" tragen lediglich das falsche Etikett des Islams, wie es Frau Khola M. Hübsch zu recht gegenüber der Presse, verständlich machte.

In der Tat wurde von der katholischen Kirche die Botschaft Jesu verfälscht. Jesus eigentliche Botschaft wurde von den Würdenträgern nicht vorgelebt. Bei der Bibel kam es zu Fehlübersetzungen. Die Bibel wurde insgesamt in drei Sprachen verfasst. Im Alten Testament wurde im Allgemeinen Hebräisch gesprochen, von daher sind weite Teile des Alten Testaments in dieser Sprache verfasst worden. Weiterhin wurde Aramäisch gesprochen, die übliche Verkehrssprache im Nahen Osten zur Zeit Alexander des Großen. Das Neue Testament ist in Griechisch verfasst worden, was die damals international gültige Weltsprache war. Im Christentum entstanden verschiedene lateinische Übersetzungen des Alten Testamentes. Sie existiert in zahlreichen Revisionen. Lange Zeit gab keine weiteren Bibelübersetzungen, erste komplette deutsche Übersetzungen des Neuen und des Alten Testaments entstanden im 14. Jahrhundert. Im 14. und 15. Jahrhundert entstand zuzüglich außerhalb der Klöster eine Vielzahl, zum Teil hochwertiger mittelhochdeutscher Übersetzungen, auf die Martin Luther und andere zurückgriffen. Durch die Reformation im 16. Jahrhundert begann für die Bibelübersetzung und -verbreitung ein neues Zeitalter. Das führte im Übrigen zu Übersetzungsfehler, wie zum Beispiel zu einem der gravierendsten Irrtümer, dass Maria zur Jungfrau wurde. Die Vorstellung der jungfräulichen Empfängnis kommt mit der Septuaginta in die Welt. Denn die „junge Frau" im Hebräischen wird in griechischer Übersetzung zu „Jungfrau".

Martin Luthers willkürliche Art der Fehlübersetzung ist 1540 noch zu entschuldigen. Heute, nach vielfacher Überarbeitung, ist das nicht mehr nachvollziehbar.

Mit „Hölle" werden bis heute das griechische Hades und Geenna übersetzt. Luther übersetzte Hades mehrfach mit „Hölle", mit „Toten". Geenna übersetzte Luther aufs Neue mit „Hölle" und mit „höllisch".

Der Hades des Neuen Testament ist die Übersetzung von Sheol aus dem Alten Testament. In den Hades/Sheol kommen die Seelen aller Menschen nach dem Tod.

Die Seele ist entstanden durch die Verbindung von Geist und Körper und ist folglich nicht mehr existent, wenn Geist und Körper nach dem Tod getrennt werden. Das wird im Übrigen durch die wörtlichen Übersetzungen von Hades und Sheol ausgedrückt. Hades bedeutet genau genommen „Unwahrnehmbares" und Sheol „Fragliches". Damit sollte zum Ausdruck kommen, dass es fraglich ist, wo die Seele nach dem Tod hin kommt. Der Todeszustand im Hades wird gewissermaßen mit dem Schlaf verglichen.

Im Alten Testament ist von Qualen im Sheol nie die Rede genauso wenig über die Hades im Neuen Testament. Jesus sprach in einem einzigen Gleichnis und brachte den Begriff Hades. Die Rede war vom reichen Mann und dem armen Lazarus.

Geenna/ Gehenna ist lediglich eine Ortsbezeichnung für ein Tal südlich von Jerusalem, welches heute den Name „Wadi er-Rababi" trägt. „In der Umgebung von Jerusalem existiert ein widerlicher Ort, in den man unreine Dinge und Leichname hinabwarf. Ebenso war dort ein ständiges Feuer, um die unreinen Dinge und die Knochen der Leichname zu verbrennen", berichten Historiker.

Die Bibel beschreibt an keiner Stelle, dass in der Gehenna jemand nach dem Tode gequält wird. Die Gehenna in der Bibel ist ein Freiluftkrematorium. Aus diesem Grund ist es teilweise gerechtfertigt, dass daraus missverständlicherweise einen Ort der „ewigen Verdammnis" entstand. Das unter einem Endlosen geläutert werden im Feuer, namens „Hölle" verstanden wird, ist der Bibel völlig fremd und widerspricht dem biblischen Gottesbild.

Dieses bedrohliche, falsche Gottesbild wurde mir dennoch in der Kindheit verinnerlicht. Es verursachte in mir eine Abwehrhaltung und verformte meine menschliche Psyche. Die Grundannahme, ob Gott eher mit Hoffnung und Liebe oder eher mit Strafe verbunden wird, schafft erhebliche Unterschiede. Mein Psychotherapeut stellte fest, dass die Betonung der Strafandrohungen für mich die Entstehung von Angst- und Zwangserkrankungen und die Depressionen förderten. Durch die gewaltsame Verpflanzung dieses Unwortes in frei auslegende Bibelübersetzungen ist dem Christentum also ein immenser Schaden entstanden, denn Gott wurde unglaubwürdig: Statt den Gott der Gnade und Liebe herauszustellen, wurde die Kampftheologie der ewigen Verdammnis entwickelt, mit einem kalten, unbarmherzigen Gott, der seine eigenen Geschöpfe unendlich lange quält.

Es gibt mehrere Inkorrektheiten in der Bibel. Dort steht ursprünglich geschrieben, dass es sich um eine Frucht vom Baum der Erkenntnis handelte. Dass im Laufe der Jahrhunderte sich der meist rote Apfel als verbotene Paradiesfrucht durchgesetzt hat, liegt an einer Schwierigkeit in der Übersetzung des lateinischen Wortes „malus", das sowohl „böse" wie „Apfelbaum" bedeuten kann.

Eva stammt nicht aus einer Rippe Adams, indes ist sie aus seiner Flanke. Sie wurde aus der Seite von Adam geschaffen, was so viel heißt wie: Sie war ihm gleichgestellt.

Kain trägt zwar ein Kainsmal, wie es sich bis in den heutigen Sprachgebrauch tradiert hat, ist jedoch als Schutzzeichen zu verstehen, nicht wie behauptet als Sühnemal.

Das oft zitierte „Auge um Auge, Zahn um Zahn" heißt im Originaltext nicht, „nimm Auge um Auge, sondern gib Auge um Auge". Es war also ein Richtmaß für den Schädiger, nicht für den Geschädigten.

Wie sieht es mit dem Sohn Gottes aus? War Jesus nun wirklich der fleischgewordene Sohn Gottes? Ein Herrscher wurde in der Gottkönigsideologie altorientalischer Großreiche seit etwa 2000 v. Chr. oft als Gottessohn bezeichnet. In Altägypten bezeichnete man den Pharao als Sohn des Gottes Amun. Jesus selbst macht überdies deutlich, dass er ein Mensch ist. Abermals bezeichnet er sich als Menschensohn (Matthäus 9,3-8).

Klaus Berger schrieb einmal: „Sohn oder Kind bedeutet in der Bibel die größtmögliche Nähe, Verwandtschaft, Ähnlichkeit und die engste Beziehung, die eine Person zur anderen haben kann. Das spricht für sich."

Der Koran betont jedoch unmissverständlich, dass Jesus desgleichen wie die vorangegangenen Gesandten, nur ein sterblicher Mensch war. Auch wird hervorgehoben, dass das Prädikat „Sohn Gottes" nur eine Erfindung der Menschen ist, wie dies bereits die Mythologie bestätigt.

Der evangelische Theologie Professor Gerd Lüdemann hegt keinen Zweifel, dass insbesondere die historischen Quellen in Bezug auf die Person Jesus mangelhaft erscheinen. Es gibt im wahrsten Sinne des Wortes keine schriftlichen Quellen, die lückenlos weder auf Jesus, noch auf seine Gefährten zurückzuführen sei: „So haben wir über Jesus nur Fremdberichte. Sie sind weder in seiner aramäischen Muttersprache verfasst, noch stammen sie von Augenzeugen. Die Erzählungen über ihn sind zudem nicht selten widersprüchlich."

Dr. Gerhard Wehr skizziert den historischen Ablauf wie folgt: „So lud der noch nicht getaufte Konstantin (gest. 337) im Jahr 325 etwa 220 Bischöfe nach Nizäa in Bithynien ein, von denen die Mehrzahl aus der Ostkirche kamen. Die Einflussnahme des Kaisers war offensichtlich, da er die Reisekosten beglich und seinen Sommerpalast als Tagungsort für das erste ökumenische Konzil des Christentums zur Verfügung stellte". Die Diskussion mündete in den Beschluss ein: „Christus ist wesensgleich mit dem Vater" (Gerhard Wehr, Christentum, S. 36).

Erst nach drei Konzilen konnte sich allmählich die heutige Auffassung der Großkirchen, der exklusiven Gottessohnschaft Jesu,durchsetzen. Darüber sind sich mittlerweile viele Wissenschaftler einig.

Was Mohammed einst kritisierte, war die Dreifaltigkeit Gottes und Jesus war lediglich ein Prophet, ein Gesandter wie Abraham, Mose und der Prophet David. Für ihn schien das eine Mehrgötzenanbetung die er abschaffen wollte. Christen hätten die Bibel verfälscht und aus dem Propheten Jesus einen Gott gemacht. Die Kritik war in meinen Augen berechtigt.

Genauso wenig wie Jesus das Christentum konzipiert hat, hat Mohammed den Islam konzipiert. Nach islamischer Glaubenslehre hat Mohammed eine Offenbarung von Gott erhalten, als zweite religiöse Quelle neben dem Koran dienen die Überlieferungen Mohammeds, in denen seine Aussagen und Taten festgehalten wurden. Aus diesen beiden Quellen wurden theologische und rechtliche Konzepte entwickelt, die den Islam teilweise bis heute prägen.

Die Kritik gegenüber am Islam und besonders gegenüber Mohammeds Gewalttaten sollte von einer historischen Sicht betrachtet werden. Mohammed war ein Mitglied der Sippe der Hasim, die wiederum nebst anderen Sippen zum Stamm der Quraisch gehörte. Ein Stamm raubte den anderen jeweils aus, damit wurde das Überleben der Anhänger gesichert. Bevor man Hunger litt, weiteten sich die Raubzüge weiter aus. Mohammed hatte überdies die arabische Mentalität die dem Stamm dienten. Er hatte diesbezüglich eine Änderung vorgenommen: Künftig ist man nicht mehr nur seinem Stamm loyal, sondern seinem Glauben, dem Islam. Alle Stämme und Mitglieder anderer Stämme, die den Islam annahmen, durften sich nicht mehr gegenseitig berauben. Sie durften lediglich gegen die anderen losziehen, gegen diejenigen die nicht den Islam annahmen oder sich als Schriftbesitzer (Juden, Christen Zoroastrier) nicht der islamischen Oberhoheit unterwarfen und Tribut zahlten. Ich höre den Vorwurf der Islamkritiker, dass Mohammed zahlreiche Raubzüge und Krieg begangen habe. Das ist richtig, wie gesagt, es herrschten andere Zeiten und die Leute litten an Hunger. Gegner planten von allen Seiten die Muslime zu bekämpfen, weshalb die Anhänger oftmals zum Gegenschlag ausholten. Obwohl die Muslime wie anfangs als Individuen nicht mehr verfolgt wurden, setzten die damals Götzen anbetenden Mekkaner, alles daran, die neu entstandene Muslimgemeinde in Medina zu vernichten, mittels kriegerischen Überfällen und teils durch eine Isolationspolitik. Die Muslime in Medina waren der Art unter Druck gesetzt und wollten sich gegen die Mekkaner wehren. Die Schlacht wurde gewonnen und Mohammed ließ z. B. Kriegsgefangene frei, nachdem sie Muslimen das Lesen und Schreiben beibrachten. Er ging auf einen Friedensvertrag ein, zu eigentlich kaum annehmbaren Bedingungen und erließ schließlich nach der Einnahme Mekkas, eine Generalamnestie für seine Feinde. Heute wie damals ist Krieg leider eine soziale Realität. Deshalb sind Normen und Regeln gewissermaßen für Ausnahmesituationen wie die eines Krieges notwendig. Trotz Krieg versuchte Mohammed unter solchen Umständen gleichwohl ethische Verhaltensweisen einzuhalten und erteilte die Anweisung, keine Personen anzugreifen, die nicht aktiv am Krieg beteiligt sind. Die Muslime wurden angeordnet, dass im Krieg Natur und Umwelt zu schonen sei.

Aus solcher Kritik wird dabei unterschlagen, dass das Christentum im politischen Verbund über beinahe 1500 Jahre Krieg, Verfolgung und Gewalt vor allem gegen andere Christen legitimierte.

Bei Mohammed werden nicht nur seine Handlungen kritisiert, des weiteren sein ganzes Leben, wie zum Beispiel, er hätte ein

9- jähriges Mädchen geheiratet. Dieses Vorurteil möchte ich aus der Welt schaffen. Aischa war die Dritte und jüngste seiner Frauen. Sie wurde nicht wie von Kritiker behauptet mit neuen Jahren verheiratet. Laut University of California lehrenden Islamwissenschaftler Reza Aslan handelte es sich hier lediglich um ein Eheversprechen. Aischa war die Tochter eines seiner meist verbündeten Brüder. Und so schockierend Mohammeds Verbindungen mit einem 9-jährigen Mädchen für unser heutiges Empfinden sein mag, so handelte es sich hier lediglich um eine Art Verlöbnis. Aischa vollzog die Ehe mit Mohammed erst, als sie die Pubertät erreicht hatte, in einem Alter also, in dem in Arabien ausnahmslos jedes Mädchen als reif für die Ehe angesehen wurde. Die Umstände und Lebensbedingungen waren damals eine andere als heute. Deshalb ist es nicht angebracht, nach heutigen Maßstäben darüber zu urteilen.

Nicht wie gewohnt und entgegen der arabischen Tradition, gab Mohammed den Frauen recht auf Besitz und Vermögen. Das war eine Revolution zur damaligen Zeit. Im Koran steht deutlich geschrieben, dass Mann und Frau vor Gott gleichberechtigt sind, jedoch aus körperlichen Gründen unterschiedliche Aufgaben und Pflichten aufweisen: „O ihr Menschen, fürchtet euren Herrn, der euch aus einem einzigen Wesen erschuf, aus ihm seine Gattin erschuf und aus ihnen beiden viele Männer und Frauen entstehen und sich ausbreiten ließ." (Koran 4, 1)

Die Frau wird nirgends als moralisch minderwertiges Wesen dargestellt. Der Sündenfall, nach jüdisch-christlicher Tradition von Eva verursacht, war nach dem Koran die gemeinsame Tat von Adam und Eva.

Zwar darf der Mann mehrere Frauen heiraten, muss die Frau jedoch im Gegenzug finanziell unterstützen. Jetzt würde ich den Satz hören: „Das ist ungerecht!" Historisch gesehen hat das einen einfachen Grund. Die Männer hatten zur Zeit

Mohammeds durch die vielen Kriegszüge eine beschränkte Lebenserwartung und dadurch viele Witwen zu versorgen war, das soll dazu geführt haben, dass für Männer in beschränktem Maß die Polygamie weiterhin erlaubt waren. Frauen dürfen nicht mehrere Männer gleichzeitig haben, andererseits dürfen sie selbst entscheiden, wann und wen sie heiraten. Und sie haben das Recht, ihren Mann per Ehevertrag davon abzuhalten, mehrere Frauen zu heiraten. Das steht in den Überlieferungen des Propheten Mohammed. Auch eine Scheidung ist erlaubt und darf laut Sure 2:227 von beiden Seiten ausgehen.

Gleichwohl wird in den Medien das Kopftuch als Zeichen der Unterdrückung breitgetreten. Im Alten Orient jedoch trugen die Frauen das Kopftuch als Zeichen der Frömmigkeit und diente zum Schutz vor fremden Männern. Denn bei Beduinen war es durch aus üblich, die Frauen fremder Stämme zu rauben und sie in den eigenen Harem aufzunehmen.

Damit will ich ein paar Missverständnisse aus der Welt räumen und einmal die Kernbotschaft Mohammeds vermitteln. Dieser war beauftragt den Menschen die Botschaft des Friedens, Tugendhaftigkeit, rechtem Handeln, Treue und Aufrichtigkeit zu überbringen. Es war ein Aufruf zum Glauben an den einzigen Gott.

Prof. Dr. Mouhanad Khorchide hat in seinem Buch „Islam ist Barmherzigkeit" die Kernbotschaft Mohammeds, entgegen den Behauptungen der Salafisten, deutlich zum Ausdruck gebracht.

Werden heute Botschaften aus dem Kontext gerissen, entstehen meistens Missverständnisse und könnten so geformt werden, dass eine Gewalttat rechtfertigt. Viele Christen verwechselten im Mittelalter die wahre Botschaft Jesu. Die Botschaft die er den Menschen predigte, verwechseln sie heute mit einer Botschaft über seine Person. Kennen Sie die Botschaft, die Jesus vor 2000 Jahren verkündete? Jesus Kernbotschaft lag darin, die Nächstenliebe zu verkünden. Er predigte des weiteren: „Ich bin der Weg, die Wahrheit und das Leben. Niemand kommt zum Vater außer durch mich. Werfen wir einen Blick in Johannes Evangelium 3:

3 Jesus antwortete und sprach zu ihm: Wahrlich, wahrlich, ich sage dir: Wenn jemand nicht von Neuem geboren wird, so kann er das Reich Gottes nicht sehen!

16 Denn so sehr hat Gott die Welt geliebt, dass er seinen eingeborenen Sohn gab, damit jeder, der an ihn glaubt, nicht verloren geht, sondern ewiges Leben hat.

17 Denn Gott hat seinen Sohn nicht in die Welt gesandt, damit er die Welt richte, sondern damit die Welt durch ihn gerettet werde.

18 Wer an ihn glaubt, wird nicht gerichtet; wer aber nicht glaubt, der ist schon gerichtet, weil er nicht an den Namen des eingeborenen Sohnes Gottes geglaubt hat.

19 Darin aber besteht das Gericht, dass das Licht in die Welt gekommen ist, und die Menschen liebten die Finsternis mehr als das Licht; denn ihre Werke waren böse.

Ich fand erneut Botschaften im Neuen Testament, die eine Gewalt rechtfertigen könnte. Die Tempelräumung Jesu oder keine kommt zum Vater außer durch mich. Nicht zu vergessen die Apokalypse des Johannes. Gläubige Christen wollen diese nicht für ernst nehmen. Dem zufolge bringe ich die gewaltigen Botschaften des Neuen Testamentes:

Mt 10, 34-39 34 Denkt nicht, dass ich gekommen bin, Frieden auf die Erde zu bringen. Ich bin nicht gekommen, Frieden zu bringen, sondern das Schwert. 35 Ich bin gekommen, den Sohn mit seinem Vater zu entzweien, die Tochter mit ihrer Mutter und die Schwiegertochter mit ihrer Schwiegermutter; 36 die eigenen Angehörigen werden zu Feinden. 37 Wer Vater oder Mutter mehr liebt als mich, ist es nicht wert, mein Jünger zu sein. Wer Sohn oder Tochter mehr liebt als mich, ist es nicht wert, mein Jünger zu sein. 38 Und wer nicht sein Kreuz aufnimmt und mir nachfolgt, ist es nicht wert, mein Jünger zu sein. 39 Wer sein Leben festhalten will, wird es verlieren. Wer sein Leben aber wegen mir verliert, der wird es finden.

Lk 12:49-53 - Ich bin gekommen um Feuer auf die Erde zu werfen. Wie froh wäre ich, es würde schon brennen. (...) Meint ihr ich sei gekommen, um Frieden auf die Erde zu bringen? Nein, sage ich euch, nicht Frieden sondern Spaltung. (...)

Lk 22:35-38 35 Dann fragte Jesus die Jünger: "Als ich euch ohne Geldbeutel, Vorratstasche und Sandalen aussandte, habt ihr da etwas entbehren müssen?" "Nein, gar nichts," antworteten sie. 36 "Aber jetzt," sagte er, "nehmt Geldbeutel und Vorratstasche mit, wenn ihr sie habt. Und wer nichts davon hat, soll seinen Mantel verkaufen und sich ein Schwert kaufen. 37 Denn auch das folgende Schriftwort muss sich noch an mir erfüllen: »Er wurde zu den Aufrührern gerechnet.« Doch alles, was mich betrifft, ist jetzt bald vollendet." 38 Die Jünger sagten: "Herr, hier sind zwei Schwerter." "Das genügt," sagte er.

Lk 19:27 - Doch meine Feinde, die nicht wollten, dass ich ihr König werde; bringt sie her, und tötet sie vor meinen Augen.

Lk 14:26 - Wenn jemand zu mir kommt und nicht Vater und Mutter, Frau und Kinder, Brüder und Schwester ja sogar sein Leben hasst, dann kann er nicht mein Jünger sein.

Mt 5.18-19 - Denn wahrlich, ich sage euch: Bis der Himmel und die Erde vergehen, soll auch nicht ein Jota oder ein Strichlein von dem Gesetz vergehen, bis alles geschehen ist. Wer nun eins dieser geringsten Gebote auflöst und so die Menschen lehrt, wird der Geringste heißen im Reich der Himmel; wer sie aber tut und lehrt, dieser wird groß heißen im Reich der Himmel.

Lk 24.44 - Er sprach aber zu ihnen: Dies sind meine Worte, die ich zu euch redete, als ich noch bei euch war, dass alles erfüllt werden muss, was über mich geschrieben steht in dem Gesetz Moses und den Propheten und Psalmen.

Mk 9.42 - Und wer einem der Kleinen, die glauben, Anlass zur

Sünde gibt, für den wäre es besser, wenn ein Mühlstein um seinen Hals gelegt und er ins Meer geworfen würde.

Mt 15.3-9 - (Jesus) aber antwortete und sprach zu ihnen: Warum übertretet auch ihr das Gebot Gottes um eurer Überlieferung willen? Denn Gott hat geboten und gesagt: Ehre den Vater und die Mutter! und: Wer Vater und Mutter flucht, soll des Todes sterben. Ihr aber sagt: Wenn jemand zum Vater oder zur Mutter spricht: Eine Opfergabe sei das, was dir von mir zunutze kommen könnte, der braucht seinen Vater oder seine Mutter nicht zu ehren; und ihr habt so das Gebot Gottes ungültig gemacht um eurer Überlieferung willen. Heuchler! Trefflich hat Jesaja über euch geweissagt, indem er spricht: Dieses Volk ehrt mich mit den Lippen, aber ihr Herz ist weit entfernt von mir. Vergeblich aber verehren sie mich, indem sie als Lehren Menschengebote lehren.

Bei diesem Ausschnitt erkannte ich, dass Jesus die Todesstrafe nicht abgeschafften hatte, selbst für kleinste Vergehen. Wer am Sabbat arbeitet, muss sterben, aber nahezu, wer über Vater oder Mutter flucht. Jesus hat nochmals betont, dass seiner Ansicht nach die Todesstrafe fällig ist, wenn jemand über Vater und Mutter flucht. Dies machte Jesus deutlich, als er die Pharisäer kritisierte. Der folgende Bibelausschnitt macht deutlich, dass Jesus gleichsam wie Mohammed nur Mitleid für sein Volk zeigte: Mt 15; 22 (n) Da kam eine kanaanäische Frau aus jener Gegend zu ihm und rief: Hab Erbarmen mit mir, Herr Du Sohn Davids! Meine Tochter wird von einem Dämon gequält. Jesus aber gab ihr keine Antwort. Da traten seine Jünger zu ihm und baten: Befreie sie (von ihrer Sorge), denn sie schreit hinter uns her. Er antwortete: Ich bin nur zu den verlorenen Schafen des Hauses Israel gesandt.

Nirgendwo in der Bibel ist sooft von der Hölle die Rede, wie im Neuen Testament. Jesus beschimpft und verflucht seine Gegner, bezeichnet die Schriftgelehrten und Pharisäer als Heuchler,

Schlangen und Otternbrut. Jesus schimpft und flucht, desgleichen wie Mohammed. Dabei toleriert er keinerlei Abweichung von seinen Ansichten. Ebenso wenig wie später Paulus, der in seinen Briefen seine ideologischen Gegner beschimpft. Gott im Neuen Testament ähnelt dem Alten Testament mit einem Unterschied, dass dort die Nächstenliebe mehr hervorgehoben wurde. Zum Bedauern schien diese Nächstenliebe die Hilfe suchende kanaanäische Frau nicht erhalten zu haben.

Eine Radikalisierung von Christen mit biblischem Bezug findet gleichwohl im Westen statt. Ein gutes Beispiel wäre da die USA. Europa blendet dies all zu gerne aus. Amerikanische Fanatiker glauben, dass die Auseinandersetzung mit dem Islam als Vorbote von Armageddon, also der Endschlacht, angesehen wird, welche der Evangelist Johannes in blutigen Bildern beschreibt. Als US-Präsident George W. Bush 2001 den Krieg gegen den Terror ausrief, bezeichnete er diesen als „Kreuzzug". Das war ziemlich das Dümmste, was er je sagte. Er gab dem Krieg damit augenscheinlich eine religiöse Legitimierung. Die Religion wurde in dem Moment für Gewalt verantwortlich gemacht. Im Internet sind Enthauptungsvideos zu sehen, welche einen äußerst gewalttätigen Islam darstellen soll und uns als Abendland bedroht. Bei all dem wird verschwiegen, dass die meisten Opfer IS Muslime sind.

Der viel kritisierte Koran zeigt Stellen auf, die beweisen, dass die Kernbotschaft Gewalt nicht gut heißt und anders Gläubige toleriert. Mit Unglauben war nicht ein Andersgläubiger gemeint, vielmehr ein Mensch der Gott nicht im Herzen trägt. Ich gehe davon aus, dass damit Atheisten oder die das Böse verherrlichen, gemeint waren.

Sure 73, Vers 8: Gedenke nun des Namens deines Herrn und wende dich von ganzem Herzen ihm zu!

Sure 73, Vers 9: Er ist der Herr des Ostens und des Westens. Es gibt keinen Gott außer ihm. Darum nimm ihn dir zum Sachwalter,

Sure 73, Vers 10: Ertrage geduldig, was die Ungläubigen sagen, und halte dich ohne grob und verletzend zu werden vor ihnen zurück!

Sure 73, Vers 11: Überlass das nun mir, was mit denen geschehen soll, die die göttliche Botschaft für Lüge erklären und sich des Wohllebens erfreuen, und gewähre ihnen noch eine kurze Frist!

Sure 7, Vers 157: Die da folgen dem Gesandten, dem ungelehrten Propheten, von dem sie geschrieben finden bei sich in der Tora und im Evangelium. Gebieten wird er ihnen, was Rechtens ist und verbieten das Ungerechte, und wird ihnen gewähren die guten Speisen und verwehren die schlechten; und abnehmen wird er ihnen ihre Last und die Joche, die auf ihnen waren. Und jene, die an ihn glauben und ihn stärken und ihm helfen und dem Licht folgen, das mit ihm hinab gesandt ward, ihnen wird's wohl ergehen.

Foto: Dieter Schütz

Glaubenslehre - Koran und Bibel im Vergleich

Mohammed wollte nicht, dass seine Gesetze schriftlich festgehalten werden. Er verbot seinen Anhänger dies und erteilte absichtlich den Auftrag, seine Worte nur mündlich weiterzugeben. Er ließ das geschriebene vernichten. War er vorausschauend und erkannte vielleicht die Entwicklung? Ich möchte einen Teil dazu beitragen, die Gesellschaft über den wahren Islam aufzuklären.

„Er hat sich zur Barmherzigkeit verpflichtet" Sure 6 Vers12 und die Scharia (arabisch) im Sinne von „Weg zur Wasserquelle, gebahnter Weg" bedeutet, ist eher als Weg zu Gott zu verstehen.

Der Koran, Allah (Gott und Schöpfung)	Die Bibel, Dreieiniger Gott und Schöpfung
Sure 1 Vers 2 Alles Lob gehört Allah, dem Herrn der Welten, *Vers 4* dem Herrscher am Tag des Gerichts. *Sure 7 Vers 158* … Es gibt keinen Gott außer Ihm; Er macht lebendig und tot. *Sure 41 Vers 10* Und er hat auf ihr feststehende (Berge) gemacht (die) über ihr (hoch aufragen). Und er hat sie (d.h. die Erde) gesegnet und die Nahrung (für Menschen und Vieh) auf ihr (im richtigen Maß) bestimmt. (Das alles hat	*1. Mose - Kapitel 1* Am Anfang schuf Gott Himmel und Erde. *(Johannes 1.1-3) (Apostelgeschichte 17.24) (Hebräer 11.3) (Offenbarung 4.11)* 3 Und Gott sprach: Es werde Licht! und es ward Licht. *(Psalm 33.9) (2. Korinther 4.6)* 5 und nannte das Licht Tag und die Finsternis Nacht. Da ward aus Abend und Morgen der erste Tag. 7 Da machte Gott die Feste und schied das Wasser unter

er) in (insgesamt) vier Tagen (geschaffen)

Sure 41 Vers 11 Hierauf richtete er sich zum Himmel auf, der (damals noch) aus (formlosem) Rauch bestand, und sagte zu ihm und zur Erde: 'Kommt her, freiwillig oder widerwillig!'

Sure 71 Vers 16 und (wie er) den Mond als ein Licht (der Nacht) und die Sonne als eine Leuchte (des Tages) daran angebracht hat?

Vers 17 Gott hat (ja) auch euch (Menschen wie Pflanzen) aus der Erde entstehen (w. wachsen) lassen.

eingepflanzt. Und in Folge waren wir ihnen auch ähnlich. Wir waren wohlgestaltet im Gegensatz zu dem, was vorher schon da war.

der Feste von dem Wasser über der Feste. Und es geschah also. *(Psalm 19.2)*

11 Und Gott sprach: Es lasse die Erde aufgehen Gras und Kraut, das sich besame, und fruchtbare Bäume, da ein jeglicher nach seiner Art Frucht trage und habe seinen eigenen Samen bei sich selbst auf Erden. Und es geschah also.

20 Und Gott sprach: Es errege sich das Wasser mit webenden und lebendigen Tieren, und Gevögel fliege auf Erden unter der Feste des Himmels.

24 Und Gott sprach: Die Erde bringe hervor lebendige Tiere, ein jegliches nach seiner Art: Vieh, Gewürm und Tiere auf Erden, ein jegliches nach seiner Art. Und es geschah also.

25 Und Gott machte die Tiere auf Erden, ein jegliches nach seiner Art, und das Vieh nach seiner Art, und allerlei Gewürm auf Erden nach seiner Art. Und Gott sah, daß es gut war.

Der Koran, Erschaffung des Menschen	Die Bibel, Erschaffung des Menschen
Sure 4 Vers 1 O ihr Menschen, fürchtet euren Herrn, Der euch aus einem einzigen Wesen schuf, und aus ihm schuf Er seine Gattin und ließ aus beiden viele Männer und Frauen sich ausbreiten. Und fürchtet Allah, in Dessen ihr einander bittet, und die Verwandtschaftsbande. Gewiß, Allah ist Wächter über euch.	*1. Mose - Kapitel 26* Und Gott sprach: Laßt uns Menschen machen, ein Bild, das uns gleich sei, die da herrschen über die Fische im Meer und über die Vögel unter dem Himmel und über das Vieh und über die ganze Erde und über alles Gewürm, das auf Erden kriecht. *(Psalm 8.6-9)* 27 Und Gott schuf den Menschen ihm zum Bilde, zum Bilde Gottes schuf er ihn; und schuf sie einen Mann und ein Weib. *(1. Mose 2.7) (1. Mose 2.22) (Matthäus 19.4) (Epheser 4.24)*

Der Koran, Isa (Jesus) und Mohammed	Die Bibel, Jesus und Mohammed
Sura 3,45 schildert: Damals sprachen die Engel: „O Maria, siehe, Allah verkündet dir ein Wort von Ihm; sein Name ist der Messias, Jesus, der Sohn der Maria, angesehen im Diesseits und im Jenseits und	Der Prophet Jesaja sagte voraus, dass der Messias ein Nachkomme König Davids sein würde *(Jesaja 9:7).* So geschah es auch: Jesus wurde in der Linie Davids

einer von denen, die (Allah) nahestehen."

Sura Maryam 19,19 spricht Allah von einem „reinen Sohn". Er gilt als der Einzige, der ohne Sünde war.

Sura 3,47 Sie sagte: „Mein Herr, soll mir ein Sohn (geboren) werden, wo mich doch kein Mann berührte?" Er sprach: „Allah schafft ebenso, was Er will; wenn Er etwas beschlossen hat, spricht Er nur zu ihm: 'Sei!' und es ist."

Sure 61, 6 „Und (damals) als Jesus, der Sohn der Maria, sagte: Ihr Kinder Israel! Ich bin von Gott zu euch gesandt ...."

Sure 4, Vers 157 Und weil sie sprachen: „Siehe, wir haben den Messias Jesus, den Sohn der Maria, den Gesandten Allahs, ermordet" – doch ermordeten sie ihn nicht und kreuzigten ihn nicht, sondern einen ihm ähnlichen – darum verfluchten wir sie. Und siehe,

geboren *(Matthäus 1:1, 6-17).*

Nachdem Jesus in Bęthlehem in Judäạ in den Tagen des Königs Herodes+ geboren worden war, siehe, da kamen Könige aus östlichen Gegenden nach Jerusalem *Matthäus 2:1-23*

Darum hat ihn auch Gott erhöht und hat ihm den Namen gegeben, der über alle Namen ist, daß in dem Namen Jesu sich beugen sollen aller derer Knie, die im Himmel und auf Erden und unter der Erde sind, und alle Zungen bekennen sollen, dass Jesus Christus der Herr ist, zur Ehre Gottes, des Vaters. *Philipper 2, 10-12*

Ihr sollt nicht meinen, daß ich gekommen bin, das Gesetz oder die Propheten aufzulösen; ich bin nicht gekommen aufzulösen, sondern zu erfüllen. *Matthäus 5, 7*

Jesu spricht zu ihm: Ich bin der Weg und die Wahrheit

diejenigen, die über ihn uneins sind, sind wahrlich im Zweifel in Betreff seiner. Sie wissen nichts von ihm, sondern folgen nur Meinungen; und nicht töteten sie ihn in Wirklichkeit.

Sure 3, Vers 55 Damals als Gott sagte: „Jesus! Ich werde dich nunmehr abberufen und zu mir in den Himmel erheben und rein machen, so daß du den Ungläubigen entrückt bist. Und ich werde bewirken, daß diejenigen, die dir folgen, den Ungläubigen bis zum Tag der Auferstehung überlegen sind. Dann aber werdet ihr alle zu mir zurückkehren. Und ich werde zwischen euch entscheiden über das, worüber ihr im Erdenleben uneins waret."

Sure 23, Vers 91 Allah hat keine Kinder gezeugt, und es ist kein Gott bei Ihm …

Sure 25, Vers 2 Des das Reich der Himmel und der Erde ist, und der kein Kind erzeugte

und das Leben; niemand kommt zum Vater denn durch mich. *Johannes 14.6*

Er, der in göttlicher Gestalt war, hielt es nicht für einen Raub, Gott gleich zu sein, sondern entäußerte sich selbst und nahm Knechtsgestalt an, ward den Menschen gleich und der Erscheinung nach als Mensch erkannt. Er erniedrigte sich selbst und ward gehorsam bis zum Tode, ja zum Tode am Kreuz. *Philipper 2,6-8*

(Jesus sagt:) Noch vieles habe ich euch zu sagen, aber ihr könnt es jetzt nicht tragen. *Johannes, Kapitel 16, Vers 12* 13 Wenn aber jener kommt, der Geist der Wahrheit, wird er euch in die ganze Wahrheit führen. Denn er wird nicht aus sich selbst heraus reden, sondern er wird sagen, was er hört, und euch verkünden, was kommen wird.

und der keine Gefährten hat im Reich ...

Ausspruch über Arabien. Übernachtet im Gebüsch, in der Steppe, ihr Karawanen von Dedan! Bringt den Durstigen Wasser, ihr Bewohner der Gegend von Tema! Kommt den Fliehenden entgegen mit Brot! Denn sie sind vor den Schwertern geflohen, vor dem gezückten Schwert, vor dem gespannten Bogen, vor dem schweren Kampf. Denn so hat der Herr zu mir gesprochen: „Noch ein Jahr – ein Söldnerjahr –, dann ist es mit der ganzen Macht Kedars zu Ende. Von den Bogenschützen in Kedar bleiben nur wenige übrig. Der Herr, der Gott Israels hat gesprochen." *(Jesaja 21:13-17)*

Wenn ihr mich liebt, werdet ihr meine Gebote halten. Und ich werde den Vater bitten, und er wird euch einen anderen Beistand [Tröster] geben, der für immer bei euch bleiben soll. Es ist der Geist der Wahrheit. *(Johannes 14:15-17)*

Doch ich sage euch die Wahrheit: Es ist gut für euch, dass ich fortgehe. Denn wenn ich nicht fortgehe, wird der Beistand nicht zu euch kommen; gehe ich aber, so werde ich ihn zu euch senden. *(Johannes 16:7)*

Der Koran, Heilige Geist	Die Bibel, Heilige Geistes
Sure 112 Verse 1 – 4 Sprich: Er ist der eine Gott, Der ewige Gott; Er zeugt nicht und wird nicht gezeugt, Und keiner ist Ihm gleich.	Dass er euch Kraft gebe nach dem Reichtum seiner Herrlichkeit, gestärkt zu werden durch seinen Geist an dem inwendigen Menschen, dass Christus durch den Glauben in euren Herzen wohne. Und ihr seid in der Liebe eingewurzelt und gegründet. *Epheser 3:16-17*
Sure 2, Vers 87 Und dem Moses gaben Wir die Schrift und ließen ihm Gesandte nachfolgen; und Wir gaben Jesus, dem Sohn der Maria, die deutlichen Zeichen und stärkten ihn mit dem Heiligen Geist. Sooft euch aber ein Gesandter brachte, was euch nicht gefiel, wurdet ihr da nicht hoffärtig und ziehet einen Teil der Lüge und erschlugt andere?	Der Geist Gottes des Herrn ist auf mir, weil der Herr mich gesalbt hat. Er hat mich gesandt, den Elenden gute Botschaft zu bringen, die zerbrochenen Herzen zu verbinden, zu verkündigen den Gefangenen die Freiheit, den Gebundenen, dass sie frei und ledig sein sollen. *Jesaja 61:1*

Sure 2, Vers 253 Jene Gesandten – die einen bevorzugten wir vor den andern; zu einigen von ihnen sprach Allah und erhöhte andere um Stufen. Und wir gaben Jesus, dem Sohn der Maria, die deutlichen Zeichen und stärkten ihn mit dem Heiligen Geist, und so Allah wollte, so hätten die Späteren nicht gestritten, nachdem zu ihnen die deutlichen Zeichen kamen; aber sie waren uneins und die einen von ihnen glaubten und die andern waren ungläubig. Und so Allah wollte, hätten sie nicht gestritten, jedoch tut Allah, was Er will.

Hoffnung Befreier Ihr Lieben, glaubt nicht einem jeden Geist, sondern prüft die Geister, ob sie von Gott sind; denn viele falsche Propheten sind hinausgegangen in die Welt. *Johannes 4:1*

Denn welche der Geist Gottes treibt, die sind Gottes Kinder. *Römer 8:14*

Und es erschienen ihnen Zungen, zerteilt und wie von Feuer, und setzten sich auf einen jeden von ihnen, und sie wurden alle erfüllt von dem Heiligen Geist und fingen an zu predigen in andern Sprachen, wie der Geist ihnen zu reden eingab. *Apostelgeschichte 2:3-4*

Wenn nun ihr, die ihr böse seid, euren Kindern gute Gaben zu geben wisst, wie viel mehr wird der Vater im Himmel den Heiligen Geist geben denen, die ihn bitten! *Lukas 11:13*

Der Koran, die Sünde und die Vergebung

Sure 47 Vers 2 Denjenigen aber, die gläubig sind und gute Werke tun und an das glauben, was auf Muhammad herabgesandt worden ist - und es ist ja die Wahrheit von ihrem Herrn -, denen tilgt Er ihre schlechten Taten und stellt ihre gute Lage wieder her.

Sure 4 Vers 17 Allahs Vergebung ist nur für jene, die unwissentlich Böses tun und bald darauf Reue zeigen.

Sure 4 Vers 18 Diejenigen aber haben keine Vergebung zu erwarten, die böse Taten begehen, so daß einer erst, wenn der Tod ihm naht, sagt: 'Jetzt bereue ich'. Auch diejenigen nicht, die als Ungläubige sterben. Für sie haben wir eine schmerzhafte Qual bereit

Sure 2 Vers 263 Ein gütiges Wort und Verzeihung sind besser als ein Almosen, gefolgt von Anspruch.

Die Bibel, die Sünde und die Vergebung

Da fragte Petrus: „Herr, wie oft muss ich meinem Bruder vergeben, wenn er mir Unrecht tut? Ist siebenmal denn nicht genug?". „Nein", antwortete Jesus. „Nicht nur siebenmal, sondern siebzig mal siebenmal." *Matthäus 18,21-22*

„... das ist mein Blut, das Blut des Bundes, das für viele vergossen wird zur Vergebung der Sünden." *Matthäus 26,28*

Durch sein Blut haben wir die Erlösung, die Vergebung der Sünden nach dem Reichtum seiner Gnade. *Epheser 1,7*

Jede Sünde und Lästerung wird den Menschen vergeben werden, aber die Lästerung gegen den Geist wird nicht vergeben. Auch dem, der etwas gegen den Menschensohn sagt, wird vergeben werden; wer aber

Sure 7 Vers 161 Und sprechet: „Vergebung!" und gehet ein durch das Tor in Demut; Wir werden euch eure Sünden vergeben.

Sure 5 Vers 9 Verheißen hat Allah denen, die glauben und gute Werke tun: für sie ist Vergebung und großer Lohn.

Sure 5 Vers 39 Wer aber nach seiner Sünde bereut und sich bessert, gewiss, ihm wird Sich Allah gnädig zukehren, denn Allah ist allvergebend, barmherzig.

Sure 57 Vers 28–29 O Ihr Gläubigen! Fürchtet Gott und glaubt an seinen Gesandten, dann wird er euch den doppelten Anteil an seiner Barmherzigkeit geben. Er macht euch ein Licht, in dem ihr umhergehen könnt und vergibt euch! Gott ist voller Barmherzigkeit und bereit, zu vergeben. Die Leute der Schrift (gemeint sind Juden und Christen) sollen deshalb wissen, daß sie über nichts

etwas gegen den Heiligen Geist sagt, dem wird nicht vergeben, weder in dieser noch in der zukünftigen Welt. *Matthäus 12,31-32*

Seid gütig zueinander, seid barmherzig, vergebt einander, weil auch Gott euch durch Christus vergeben hat. *Epheser 4,32*

Tut Buße und jeder von euch lasse sich taufen auf den Namen Jesu Christi zur Vergebung eurer Sünden, so werdet ihr empfangen die Gabe des Heiligen Geistes. *Apostelgeschichte 2,38* von der Huld Gottes verfügen, sondern daß die Huld vielmehr in Gottes Hand liegt. Er schenkt sie, wem er will. Gott ist von großer Huld"

© 2017 Rita Kuonen

Fragwürdige Passagen im Koran und in der Bibel

Bibel	Koran
Du sollst dich nicht vor anderen Göttern niederwerfen und dich nicht verpflichten, ihnen zu dienen. Denn ich, der Herr, dein Gott, bin ein eifersüchtiger Gott: bei denen, die mir Feind sind, verfolge ich die Schuld der Väter an den Söhnen, an der dritten und vierten Generation; ... *Ex 20;5*	*Sure 9, 111* Siehe, Allah hat von den Gläubigen ihr Leben und ihr Gut für das Paradies erkauft. Sie sollen kämpfen in Allahs Weg und töten und getötet werden. Freut euch daher des Geschäfts, das ihr abgeschlossen habt; und das ist die große Glückseligkeit.
Du sollst nicht nach dem Haus deines Nächsten verlangen. Du sollst nicht nach der Frau deines Nächsten verlangen, nach seinem Sklaven oder seiner Sklavin, seinem Rind oder Esel oder nach irgend etwas, was deinem Nächsten gehört. *Ex 20;17*	*Sure 4, 104* Und erlahmet nicht in der Verfolgung des Volkes; leidet ihr, so leiden sie, wie ihr leidet. ..."
	Sure 2,223 Pa Eure Frauen sind euch ein Saatfeld. Geht zu eurem Saatfeld, wo immer ihr wollt.

Eine Hexe sollst Du nicht am Leben lassen. Jeder der mit einem Tier verkehrt, soll mit dem Tod bestraft werden. Wer einer Gottheit außer Jahwe Schlachtopfer darbringt, an dem soll die Vernichtungsweihe vollstreckt werden. *Ex 22;17-19*

Wenn ein Mann einen störrischen und widerspenstigen Sohn hat, der nicht auf die Stimme seines Vaters und seiner Mutter hört, und wenn sie ihn züchtigen und er trotzdem nicht auf sie hört, dann sollen Vater und Mutter ihn packen, vor die Ältesten der Stadt und die Torversammlung des Ortes führen und zu den Ältesten der Stadt sagen: Unser Sohn ist störrisch und widerspenstig, er hört nicht auf unsere Stimme, er ist ein Verschwender und Trinker. Dann sollen alle Männer der Stadt ihn steinigen und er soll sterben. *Deut 21; 18-21*

Sure 4,15 Pa Und wenn welche von euren Frauen etwas Abscheuliches begehen, so verlangt, dass vier von euch gegen sie zeugen! Wenn sie (tatsächlich) zeugen, dann haltet sie im Haus fest, bis der Tod sie abberuft oder Allah ihnen eine Möglichkeit schafft, (ins normale Leben zurückzukehren)!

Sure 2,178 Pa Ihr Gläubigen! Bei Totschlag ist euch die Vergeltung vorgeschrieben: ein Freier für einen Freien, ein Sklave für einen Sklaven und ein weibliches Wesen für ein weibliches Wesen.

Sure 2,191 Pa Und tötet sie, wo ihr sie zu fassen bekommt, und vertreibt sie, von wo sie euch vertrieben haben!

Sure 2,193 Pa Und kämpft gegen sie, bis niemand (mehr) versucht, zu verführen, und bis nur noch Allah verehrt wird!

Wenn der Vorwurf aber zutrifft, wenn sich keine Beweise für die Unberührtheit des Mädchens beibringen lassen, soll man das Mädchen hinausführen und vor die Tür ihres Vaterhauses bringen. Dann sollen die Männer ihrer Stadt sie steinigen und sie soll sterben; *Deut 22; 18*

Der Mann darf sein Haupt nicht verhüllen, weil er Abbild und Abglanz Gottes ist; die Frau aber ist der Abglanz des Mannes. Denn der Mann stammt nicht von der Frau, sondern die Frau vom Mann. Der Mann wurde auch nicht für die Frau geschaffen, sondern die Frau für den Mann. *1 Kor 11; 7-9*

Sag zu den Israeliten: Jeder Mann unter den Israeliten oder unter den Fremden in Israel, der eines seiner Kinder dem Moloch gibt, wird mit dem Tod bestraft. Die Bürger des Landes sollen ihn steinigen. *Lev 20; 2*

Sure 2,216 Pa Euch ist vorgeschrieben, zu kämpfen, obwohl es euch zuwider ist.

Sure 24,2 Pa Wenn eine Frau und ein Mann Unzucht begehen, dann verabreicht jedem von ihnen 100 Hiebe!

Sure 24,4 Pa Und wenn welche ehrbare Frauen in Verruf bringen und hierauf keine vier Zeugen beibringen, dann verabreicht ihnen 80 Hiebe.

Sure 4,34 Pa Die Männer stehen über den Frauen. Und wenn ihr fürchtet, dass Frauen sich auflehnen, dann vermahnt sie, meidet sie im Ehebett und schlagt sie.

Sure 60,10 Pa Die gläubigen Frauen sind diesen nicht (zur Ehe) erlaubt, und umgekehrt.

Sure 8,12 Pa Haut mit dem Schwert auf den Nacken und schlagt zu auf jeden Finger von ihnen!

Falls die Bürger des Landes ihre Augen diesem Mann gegenüber verschließen, wenn er eines seiner Kinder dem Moloch gibt, und ihn nicht töten, *Lev 20; 4*

Gegen einen, der sich an Totenbeschwörer und Wahrsager wendet und sich mit ihnen abgibt, richte ich mein Angesicht und merze ihn aus seinem Volk aus. *Lev 20; 6*

Jeder, der seinen Vater oder seine Mutter verflucht, wird mit dem Tod bestraft. Da er seinen Vater oder seine Mutter verflucht hat, soll sein Blut auf ihn kommen. *Lev 20; 9*

Ein Mann, der mit der Frau seines Nächsten die Ehe bricht, wird mit dem Tod bestraft, der Ehebrecher samt der Ehebrecherin. *Lev 20; 10*

Ein Mann, der mit der Frau seines Vaters schläft, hat die Scham seines Vaters entblößt. Beide werden mit dem Tod bestraft; ihr Blut soll auf sie

Sure 5,38 Pa Wenn ein Mann oder eine Frau einen Diebstahl begangen hat, dann haut ihnen die Hand ab.

Sure 2,244 Pa Und kämpft um Allahs willen!

Sure 4,74 Pa Und wenn einer um Allahs willen kämpft, und er wird getötet – oder er siegt -, werden wir ihm (im Jenseits) gewaltigen Lohn geben.

Sure 5,35 Pa Ihr Gläubigen! Fürchtet Allah und trachtet danach, ihm nahe zu kommen, und führet um seinetwillen Krieg.

Sure 4,76 Pa Diejenigen, die gläubig sind, kämpfen um Allahs willen, diejenigen, die ungläubig sind, um der Götzen willen. Kämpft nun gegen die Freunde des Satans!

Sure 9,5 Pa Und wenn die heiligen Monate abgelaufen sind, dann tötet die Heiden, wo ihr sie findet, greift sie, umzingelt sie und lauert ihnen kommen. *Lev 20; 11*

Bei Unzucht mit dem Tode bestraft. *Lev 20; 12 – 21*

Männer oder Frauen, in denen ein Toten- oder ein Wahrsagegeist ist, sollen mit dem Tod bestraft werden. Man soll sie steinigen, ihr Blut soll auf sie kommen. *Lev 20; 27*

Ihr habt gehört, dass zu den Alten gesagt worden ist: Du sollst nicht töten; wer aber jemand tötet, der soll dem Gericht verfallen sein. Ich aber sage euch: Jeder der seinem Bruder auch nur zürnt soll dem Gericht verfallen sein; und wer zu seinem Bruder sagt: Du Dummkopf!, soll dem Spruch des hohen Rates verfallen sein; wer aber zu ihm sagt: Du (gottloser) Narr!, soll dem Feuer der Hölle verfallen sein. *Mt 5; 21-22*

Wenn man euch aber in einem Haus oder in einer Stadt nicht aufnimmt und eure Worte

überall auf.

Sure 9,36 Pa: Und kämpft allesamt gegen die Heiden, so wie sie allesamt gegen euch kämpfen.

Sure 8,55 Pa Als die schlimmsten Tiere gelten bei Allah diejenigen, die ungläubig sind und nicht glauben werden Pa: Die Ungläubigen aber genießen und verleiben sich ihre Nahrung ein, wie das Vieh es tut. Sie werden ihr Quartier im Höllenfeuer haben. Pa: Sie [die zuerst gläubig waren, dann aber wieder abgefallen sind] sind die (wahren) Feinde. Darum nimm dich vor ihnen in Acht!

Sure 98,6 Die Ungläubigen unter den Leuten des Buches: Sie sind von allen Wesen am abscheulichsten.

Sure 24,29 Pa Es ist keine Sünde für euch, Häuser zu betreten, die nicht bewohnt sind, und in denen etwas ist, nicht hören will, dann geht weg und schüttet den Staub von euren Füßen. Amen, das sage ich euch: Dem Gebiet von Sodom und Gomorrha wird es am Tage des Gerichts nicht so schlimm ergehen wie dieser Stadt. *Mt 10; 14*

Denkt nicht, ich sei gekommen, um Frieden auf die Erde zu bringen. Ich bin nicht gekommen, um Frieden zu bringen, sondern das Schwert. Denn ich bin gekommen, um den Sohn mit seinem Vater zu entzweien und die Tochter mit ihrer Mutter und die Schwiegertochter mit ihrer Schwiegermutter; und die Hausgenossen eines Menschen werden seine Feinde sein. *Mt 10;34*

Ein guter Mensch bringt Gutes hervor, weil er Gutes in sich hat, und ein böser Mensch bringt Böses hervor, weil er Böses in sich hat. *Mt 12; 35*
Er antwortete: Der Mann der den guten Samen sät, ist der Menschensohn; der Acker ist

das ihr benötigt. 5. Verstoß gegen den Gleichheitssatz

Sure 48,28: Er ist es, der seinen Gesandten geschickt hat mit der Führung und der Religion der Wahrheit, dass er sie siegreich mache über jede andere Religion. Und Allah genügt als Bezeuger.

Sure 9,52 Erwartet ihr etwa, dass uns nicht eins der beiden schönsten Dinge treffen wird? Und wir erwarten von euch, dass euch Allah mit einer Strafe treffen wird, sei es von Ihm oder durch unsere Hand. Und so wartet; siehe wir warten mit euch.

Sure 33,50 Pa Prophet! Wir haben dir zur Ehe erlaubt: deine Gattinnen, denen du ihren Lohn gegeben hast; was du (an Sklavinnen) besitzt, (ein Besitz, der) dir von Allah (als Beute) zugewiesen (worden ist); die Töchter deines Onkels und deiner Tanten väterlicherseits und deines Onkels und deiner die Welt; der gute Samen, das sind die Söhne des Reiches; das Unkraut, das sind die Söhne des Bösen; der Feind, der es gesät hat, ist der Teufel; die Ernte ist das Ende der Welt; die Arbeiter bei der Ernte sind die Engel. Wie nun das Unkraut aufgesammelt und im Feuer verbrannt wird, so wird es auch am Ende der Welt sein: Der Menschensohn wird seine Engel aussenden und sie werden aus seinem Reich alle zusammenholen, die andere verführt und Gottes Gesetz übertreten haben, und werden sie in den Ofen werfen, in dem das Feuer brennt. *Mt 13; 37*

Da kam eine kanaanäische Frau aus jener Gegend zu ihm und rief: Hab Erbarmen mit mir, Herr Du Sohn Davids! Meine Tochter wird von einem Dämon gequält. Jesus aber gab ihr keine Antwort. Da traten seine Jünger zu ihm und baten: Befreie sie (von ihrer Sorge), denn sie schreit hinter uns her. Er antwortete:

Tanten mütterlicherseits, die mit dir ausgewandert sind; (weiter) eine (jede) gläubige Frau, wenn sie sich dem Propheten schenkt und er (seinerseits) sie heiraten will. Das (letztere?) gilt in Sonderheit für dich im Gegensatz zu den (anderen) Gläubigen.

Sure 4,89 Sie wünschen, dass ihr ungläubig werdet, wie sie ungläubig sind, so dass ihr alle gleich seiet. Nehmet euch daher keinen von ihnen zum Freund, ehe sie nicht auswandern auf Allahs Weg. Und wenn sie sich abkehren, dann ergreift sie und tötet sie, wo immer ihr sie auffindet; und nehmet euch keinen von ihnen zum Freunde oder zum Helfer.

Sure 4,104 Und erlahmet nicht in der Verfolgung des Volkes; leidet ihr, so leiden sie, wie ihr leidet. …

Sure 2,228 Pa Und die Männer stehen (bei alledem) eine Stufe

Ich bin nur zu den verlorenen Schafen des Hauses Israel gesandt. *Mt 15; 22*

Dann wird er sich auch an die auf der linken Seite wenden und zu ihnen sagen: Weg von mir ihr Verfluchten, in das ewige Feuer, das für den Teufel und seine Engel bestimmt ist. Denn ich war hungrig und ihr habt mir nicht zu essen gegeben; *Mt 25; 41-42*

Wer glaubt und sich taufen lässt, wird gerettet, wer aber nicht glaubt, wir verdammt werden. *Mk 16;16*

Und durch die, die zum Glauben gekommen sind, werden folgende Zeichen geschehen: In meinem Namen werden sie Dämonen austreiben, sie werden in neuen Sprachen reden; *Mk 16; 17*

Und da sie sich weigerten, Gott anzuerkennen, lieferte sie Gott einem verworfenen Denken aus, so dass sie tun was sich nicht gehört: Sie sind über ihnen [den Frauen]

Sure 9, 123 O die ihr glaubt, kämpft wider jene der Ungläubigen, die euch benachbart sind, und lasst sie in euch Härte finden; und wisset, dass Allah mit den Gottesfürchtigen ist.

Sure 66,9 Prophet! Führe Krieg gegen die Ungläubigen und die Heuchler (munaafiqien) und sei hart gegen sie! Die Hölle wird sie (dereinst) aufnehmen – ein schlimmes Ende!

Sure 9,29 Pa Kämpft gegen diejenigen, die nicht an Allah und den jüngsten Tag glauben und nicht verbieten, was Allah und sein Gesandter verboten haben, und nicht der wahren Religion angehören – von denen, die die Schrift erhalten haben, bis sie kleinlaut aus der Hand Tribut entrichten!

Sure 19,89 Wahrlich ihr behauptet ein ungeheuerlich Ding.

voll Ungerechtigkeit, Schlechtigkeit, Habgier und Bosheit, voll Neid, Mord,Streit, List und Tücke, sie verleumden und treiben üble Nachrede, sie hassen Gott, sind überheblich, hochmütig und prahlerisch, erfinderisch im Bösen und ungehorsam gegen die Eltern, sie sind unverständig und haltlos, ohne Liebe und Erbarmen. Sie erkennen, dass Gottes Rechtsordnung bestimmt: Wer so handelt verdient den Tod ... *Röm 1; 28-32*

Jeder soll in dem Stand bleiben, in dem ihn der Ruf Gottes getroffen hat. Wenn Du als Sklave berufen wurdest, soll dich das nicht bedrücken. Auch wenn Du frei werden kannst, lebe lieber als Sklave weiter. *1. Kor. 7; 20-21*

Denn wenn wir vorsätzlich sündigen, nachdem wir die Erkenntnis der Wahrheit empfangen haben, gibt es für diese Sünden kein Opfer mehr, sondern nur die Erwartung des furchtbaren

Sure 19,90 Fast möchten die Himmel darob zerreißen, und die Erde möchte sich spalten, und es möchten die Berge stürzen in Trümmer,

Sure 2,7 Versiegelt hat Allah ihre Herzen und ihre Ohren, und über ihren Augen liegt eine Hülle, und ihnen wird schwere Strafe.

Sure 2,10 In ihren Herzen war Krankheit, und Allah hat ihre Krankheit vermehrt; und eine qualvolle Strafe wird ihnen, weil sie logen.

Sure 2,194 (Entweihung eines) Heiligen Monats (soll) im Heiligen Monat (vergolten werden); und für alle heiligen Dinge ist Vergeltung. Wer sich also gegen euch vergeht, den straft für sein Vergehen in dem Maße, in dem er sich gegen euch vergangen hat. Und fürchtet Allah und wisset, daß Allah mit den Gottesfürchtigen ist.

Gerichts und ein wütendes Feuer, das die Gegner verzehren wird. Wer das Gesetz des Mose verwirft, muss ohne Erbarmen auf die Aussage von zwei oder drei Zeugen hin sterben. Meint ihr nicht, dass eine noch viel härtere Strafe der verdient, der den Sohn Gottes mit Füßen getreten, das Blut des Bundes, durch den er geheiligt wurde, verachtet und den Geist der Gnade geschmäht hat? *Hebr 10; 26-29*

Denn wen der Herr liebt, den züchtigt er; er schlägt mit der Rute jeden Sohn, den er gern hat. *Hebr 12; 6*

Ihr Frauen, ordnet euch den Männern wie dem Herrn (Christus); denn der Mann ist das Haupt der Frau, wie auch Christus das Haupt der Kirche ist; ... *Eph 5; 22*

Wer den Herrn nicht liebt, der sei verflucht! *1. Kor 6; 22*

Sure 24 Wenn eine Frau und ein Mann Unzucht begangen haben, dann gebt jedem von ihnen hundert Schläge! Keine Milde für sie soll euch ergreifen in Gottes Religion, falls ihr an Gott und den Jüngsten Tag glaubt. Bei ihrer Bestrafung soll eine Gruppe der Gläubigen als Zeugen anwesend sein.

Sure 17,32 Und nähert euch nicht der Unzucht. Gewiß, sie ist etwas Abscheuliches – und wie böse ist der Weg.

Sure 4,14 Und wenn einige eurer Frauen eine Hurerei begehen, dann ruft vier von euch als Zeugen gegen sie auf; bezeugen sie es, dann schließt sie in die Häuser ein, bis der Tod sie ereilt oder Allah ihnen einen Ausweg gibt.

Sure 4,14 Und wenn zwei von euch (Männern) es begehen, dann fügt ihnen Übel zu. Wenn sie (aber) umkehren und sich bessern, dann lasset ab von ihnen; denn Allah ist

Dann übt er Vergeltung an denen, die Gott nicht kennen und dem Evangelium Jesu, unseres Herrn, nicht gehorchen. Fern vom Angesicht des Herrn und seiner Macht und Herrlichkeit müssen sie sein, mit ewigem Verderben werden sie bestraft, ...*2. Thess 1; 6--10*

Wer die Sünde tut, stammt vom Teufel; denn der Teufel sündigt von Anfang an. *Joh 3;8*

Aber die Feiglinge und Treulosen, die Befleckten, die Mörder und die Unzüchtigen, die Zauberer, Götzendiener und alle Lügner - ihr Los wird der See von brennendem Schwefel sein. Dies ist der zweite Tod. *Offb 21; 8*

Gnädig und Barmherzig.

© 2017 Rita Kuonen

Die Reformation meines inneren Glaubens

Damals verdrängte ich all die Erlebnisse, die mich äußerst prägten, und wandte mich der Wissenschaft und der Esoterik zu. - Das ging Jahre gut, bis das Thema Islam in der Schweiz verstärkt thematisiert wurde. - Durch die aufkommende Migrationsströmung hörte ich vermehrt kritische Stimmen, wie zum Beispiel von Hamed Abdel-Samad, Freysinger, meine Ex-Schwiegermutter, Ex-Schwager und nach der Trennung schimpfte überdies mein der sonst sozialliberale Ex-Freund über den Islam. Meine Kollegen und Bekannten hegen den Verdacht, dass der Islam die Schweiz unterwandern will. Ich hörte sogar Stimmen, dass die Politiker versuchen die Völker auszutauschen. Menschen fühlen sich zunehmend fremd im eigenen Land. Ein Kollege setzte einen oben drauf und schimpfte: „Der Islam und die Muslime sind ein Fremdkörper in unserem Land!"

Ich unterhielt mich mit meinem Ex-Partner. Als es Nacht wurde, wollte ich nach Hause spazieren. Ich legte meinen Mantel um und wollte zum Schutze meinen Hidschab überziehen. Darauf hin ließ er eine Bemerkung fallen: „Wenn du so weiter machst, muss ich schauen, was wir mit unserer Tochter machen. Ich will nicht, dass sie eines Tages Muslimin wird. Du provozierst alle Muslime damit, weil du bist keine von denen." Ich seufzte: „Doch, ich kann wieder das Glaubensbekenntnis sprechen ..." Er muss es nicht ernst genommen haben oder nahm meine Bemerkung nicht für bare Münze.

Das Thema Islam beschäftigte mich weiter und ich wollte Antworten. Ich befasste mich eingehender mit dem Koran und dem Leben Mohammeds. Ich guckte verschiedene Sendung von Befürworter sowie von Islamkritiker. Hamed Abdel-Samads Thesen kann ich gut nachvollziehen. Khola M. Hübsch ist deutsche Journalistin und Publizistin und schrieb das Buch „Unter dem Schleier die Freiheit". Hübsch argumentiert anhand von Quellen des Islams für ein Islamverständnis, das nach ihrer Auffassung mit Demokratie, Toleranz sowie universalen Menschenrechten kompatibel ist. Leider rechtfertigt sie sich zu oft und lässt sich in eine Abwehrhaltung drängen. Ihre Argumente klangen überzeugend, jedoch zweifelte ich weiter. Ich fand meine Antworten nicht und tendierte den Kritiker recht zu geben. Darauf hin bat ich Gott um ein Zeichen. Er solle mir Antworten liefern. Ich fragte mich, ob es wirklich nur ein Wunschdenken von mir war, dass der Islam reformiert werden kann. ‚Wenn das Christentum die Reformation geschafft hat, wird derweil das mit dem Islam ebenfalls möglich sein oder?' diese Fragen schwirrten mir im Kopf herum.

Kurz vor dem Aufgeben, schaltete ich eine Sendung ein. Ein Gespräch mit Hamed Abdel-Samad, „der faschistische Islam - Streitgespräch". Ich konnte es bald nicht mehr hören. Anfangs dachte ich: ‚Dieser Gegner wird sicher wieder so jemand sein wie Khola M. Hübsch, die sich oft in Rechtfertigungen verstrickt.' Bereits mit dem Finger auf die Umschalttaste lenkte die Kamera auf diesen äußerst sympathischen Prof. Dr. Khorchide, der mit einer sanften Stimme das Wort ergriff. Er ist Autor und schrieb unter anderem folgende zwei Bücher „Islam ist Barmherzigkeit" und „Scharia der missverstandene Gott". Letzten Endes verfolgte ich das Gespräch und hörte mir seine Gegenargumente an, die er ruhig und respektvoll äußerte. Dem Gegenüber widersprach er Abdel-Samad in einigen Punkten nicht. Er erklärte seine Überzeugung plausibel. Ich fand endlich ein Reformator des Islams, für den ich so lange gebetet habe. Es gab Hoffnung und es erfüllte mich mit stolz, die Zeit der Reformation des Islams miterleben zu dürfen. So ein sanfter Mensch mit so einem Glanz in den Augen kann gewiss kein „potenzieller Terrorist" oder Lügner sein. Das wollte ich nicht glauben. Dieser Gesprächspartner war Prof. Dr. Mouhanad Khorchide, ein österreichischer Soziologe, Islamwissenschaftler und Religionspädagoge. Er ist Professor für islamische Religionspädagogik an der Westfälischen Wilhelms-Universität in Münster. Dieser attraktive Reformator weckte in mir erneut den Forscherdrang. Die Verteidigung vor Freuden ging weiter, bis ich auf ein Forum stieß. Zum ersten Mal hörte ich von einem islamischen Dogma „Taqiyya". Es ist ein bei verschiedenen schiitischen Gruppen geltendes Prinzip, wonach es bei Zwang oder Gefahr für Leib und Besitz erlaubt ist, den eigenen Glauben zu verheimlichen. Im sunnitischen Islam ist das Konzept zwar desgleichen bekannt, doch hat es nicht in der Allgemeinheit Anwendung gefunden, wurde zum Teil sogar abgelehnt. Verheimlichung des eigenen Glaubens in Gefahrensituationen gilt jedoch ebenfalls als zulässig. Islamgegner stellten die Behauptung auf, dass Muslime ihre wahren Glauben in Deutschland und in der Schweiz durch eine solche „Taqiyya" verschleiern. Sie plane im Konkreten die Machtübernahme hierzulande und in Europa. Sie zeige eine nach außen ein anderes, „harmloseres" Gesicht, als sie es eigentlich hätten. Da kamen bei mir wieder Zweifel hoch: ‚Habe ich mich etwa blenden lassen?'

Mir gingen die Worte dieses Professors über den Islam nicht mehr aus dem Kopf und ich grübelte: ‚Hatten meine Kollegen vielleicht recht, indem sie mir sagten, dass ich eher von diesem attraktiven Mann angetan war als von seinen Argumenten?'

Dennoch faszinierte mich die Geschichte. Ich durchforstete weiterhin das Internet. Unterhielt mich in Foren mit Moslems, diskutierte und forderte sie heraus. Das Interessante hierbei war, dass der überwiegende Großteil dieser Muslime das Wort Taqiyya und die entsprechenden Verse nicht einmal kannten. Sie wusste nicht, wovon ich sprach. Wie sollen diese also wissen, dass es ihnen angeblich erlaubt sei, zu lügen?

‚Werden diese Scheinargumente dazu verwendet, um dem Ansehen und dem Bild des Islams und dem Ansehen der Muslime zu schaden?' Wer setzt solche Gerüchte in die Welt?

So werden beispielsweise muslimische Prediger, die sich gegen die Zwangsheirat, Ehrenmord, Terrorismus oder Frauenunterdrückung und für die Demokratie, allgemeine Erklärung der Menschenrechte, Gleichstellung der Geschlechter, Wissenschaft und Gerechtigkeit aussprechen, schlicht als Lügner bezeichnet. So erörterte ich: ‚Also kurz gesagt, sind alle liberalen Muslime Lügner und Prof. Dr. Khorchide stellt sich um sonst gegen seine salafistischen Brüder. Weshalb bekommt er Morddrohungen, wenn er andererseits nur die Taqiyya anwendet? Spielt Pierre Vogel diese Hasspredigten gegen Khorchide nur vor?'

Ich verfolgte aufs Neue Sendungen und Dokumentarfilme. Irgendetwas in mir sagte, dass etwas anderes dahinter stecken muss. Beinahe gab ich den Kampf auf, ließ mich von den Glaubensdogmen der katholischen Kirche wieder einholen und von all den Vorurteilen gegenüber gewalttätige muslimische Männer einschüchtern.

Ein Gedanke quälte mich und verschaffte mir schlaflose Nächte: ‚Fühle ich mich von diesem islamischen Theologen und Imam Prof. Dr. Khorchide angezogen? Habe ich etwa den Realitätssinn verloren? Oder durch ihn sogar meine Objektivität?'

Meine eingeimpften christlichen Dogmen plagten mich zunehmend. ‚Gott lässt mich in der Hölle schmollen für diese Todsünde. In den Zehn Geboten steht, du sollst nicht begehren deines nächsten Weib/Mann.'

Ich dachte an Martin Luther. Er lehrte, dass wir uns bei der betreffenden Person zu entschuldigen hätten. Darauf hin bat ich Khorchides Seele und Allah um Vergebung. Erschöpft und ruhelos schlief ich ein. In dem darauf folgenden Traum sah ich mich kniend beim Beten. Da trat Prof. Dr. Khorchide hinter mich, legten seine Hand auf meine Schulter und sagte: „Ich vergebe Dir. Wir sind Muslime und unser Prophet hatte ebenso mehrere Frauen. Der Friede Allahs sei mit dir."

Ich schrak auf, saß schweißgebadet im Bett und verstand in auf einmal seine Botschaft, die Gott durch ihn, mir übermitteln wollte. Ich erinnerte mich wieder an mein damalige Schahada, also Glaubensbekenntnis: ‚Ich bin Muslimin, ich habe es nur verdrängt. Wie kann das sein?'

Ohne diese Sendung und ohne meine „kleine Schwärmerei" hätte ich mich wohl nie daran erinnert. Ich hätte es weiterhin verdrängt. Dank Prof. Dr. Khorchide fing meine Reformation des Glaubens an und dieses Erlebnis zeigte mir, dass ich ohne Schuldgefühl lieben darf. Liebe in welcher Form auch immer, kann doch keine Sünde sein? Das erfuhr ich Dank Islam. Im Gegensatz zur katholischen Kirche wäre ich eine Ehebrecherin. Ehebruch, sei es nur in Gedanken, wäre eine Todsünde und somit wäre ich der ewigen Verdammnis geweiht: Mt 5.27-30 - „Ihr habt gehört, dass gesagt ist: Du sollst nicht ehebrechen. Ich aber sage euch, dass jeder, der eine Frau ansieht, sie zu begehren, schon Ehebruch mit ihr begangen hat in seinem Herzen. Wenn aber dein rechtes Auge dir Anlass zur Sünde gibt, so reiß es aus und wirf es von dir; denn es ist dir besser, dass eins deiner Glieder umkommt und nicht dein ganzer Leib in die Hölle geworfen wird. Und wenn deine rechte Hand dir Anlass zur Sünde gibt, so hau sie ab und wirf sie von dir; denn es ist dir besser, dass eins deiner Glieder umkommt und nicht dein ganzer Leib in die Hölle geworfen wird."

Mit diesen Botschaften begründete auch das Kirchenoberhaupt den damaligen Gewaltakt. Die Kirche predigte von der Ewigen Verdammnis, Menschen müssen demütig und gehorsam sein, ansonsten droht ihnen eine Strafen Gottes: Mt 11,29 „Nehmet auf euch mein Joch und lernet von mir; denn ich bin sanftmütig und von Herzen demütig; so werdet ihr Ruhe finden für eure Seelen."

Wie viele Jahre haben die Kleriker diesen Satz zu ihren Gunsten ausgenutzt, damit ihre Schäflein unterdrückt in dem sie predigten, mit dem Kreuz sei ihr Leiden gemeint. Ziel war, dass die Gläubigen all die Unterdrückung von Kaiser und Kirche schweigend hinnehmen.

Dank dieses Traumes wurde ich von den christlichen Glaubensdogmen befreit. Ich konnte all den Schmerz verarbeiten. Ich fühlte mich nicht mehr als eine Sünderin die einen Mann begehrt. Ich fühlte mich nicht mehr als Ehebrecherin die in der Hölle schmoren wird. Durch einen Imam fand ich zurück zu einem all barmherzigen Gott, der mich nicht wegen meiner weibliche Begierde, mit strafender Hand verurteilt. Es war der Islam, der mich von der Sünde freisprach. Ich verspürte wieder diese unglaubliche Erfüllung, die ich als Jugendliche verspürte, als ich zum Islam konvertierte. Allah bedeutet Allmacht. Wenn Allmacht wirklich vorhanden ist, leitet sich daraus die Allwissenheit ab. Ich bin der Überzeugung: „Wer alles kann, kann übrigens alles wissen. Ansonsten wäre das eine Einschränkung der Fähigkeiten. Ebenso beinhaltet Allmacht die Zeitlosigkeit."

Wie gesagt heißt Gott oder Allah übersetzt Allmacht. So wusste er, welche Bewunderung ich für Prof. Dr. Khorchide hatte. Er wusste, dass Liebe in welcher Form auch immer keine Sünde sein kann?

Wer alles kann, kann im Grunde genommen durch die Zeit reisen und zum Beispiel begangene Fehler korrigieren. Allmacht beinhaltet immerhin Perfektion. Wer alles kann, kann ohnehin alles perfekt machen. Wer alles weiß, macht keine Fehler. Zur Not könnte er endlos durch die Zeit reisen und vergangene Fehler korrigieren.

Falls Gott also allmächtig ist, muss er allwissend, zeitlos und perfekt sein. Wenn jemand zeigen kann, dass nur eines davon unmöglich ist, so hätte er damit das Dogma der Allmacht gültig widerlegt.

Doch darum geht es nicht. Ich frage mich ob die Bibel wahrlich von Menschen Hand verändert wurde, wie dies von Muslimen behauptet wird? Anlässlich widerspricht sich bekanntermaßen Gott im Alten wie im Neuen Testament. Nein, ich denke, dass Gott etwas ganz anderes ist, als ein mächtiger Mann der im Himmel auf einen Thron sitzt, wie es die Juden und Christen zu glauben scheinen. Gott wie Allah ist reine Energie, ist Geist von reinster und feinster Substanz. Gott ist Bewusstsein in unendlicher für uns unvorstellbarer Dynamik ohne eine materielle Struktur, die einen Körper, wie den Unsrigen erahnen lassen würde. Sonst hätte er nicht in meinem Traum durch Khorchides Bild sprechen können. Damit wird ohnehin die Dreifaltigkeit Gottes widerlegt.

Versuchen wir einmal das All zu erfassen, in dem es sich reine und geballte Energie im leeren unendlichen Raum befindet. Das ist kaum möglich oder? Gott ist in meinen Augen das universelle Bewusstsein. Gott ist alles und Gott ist die reine Leere. Gott ist im kleinsten Atomteilchen zu finden aber desgleichen im gesamten Universum verstreut. Er ist Allgegenwart, also Gott oder Allah ist nichts anderes als Allmacht.

In all dem habe ich etwas Grundlegendes bei den Propheten verstanden: „Geht es nun um den Darsteller oder um die Musik?" Was ich damit ausdrücken will, bei Propheten wie Jesus oder Mohammed geht es nicht um den Propheten an sich oder gar um die Religion, die daraus entsprungen ist. Propheten sind alles nur Darsteller. Es geht um „die Musik", also um deren „Botschaft". Was wäre ein Sänger, wenn man seine Lieder nicht anhören könnte? Das wäre so, als würde man den Ton des Fernsehers ausschalten, sobald er das Lied anstimmt. Man würde nur seinen Mund bewegen sehen ohne den Liedtext, sprich die sogenannte Botschaft, jemals verstehen zu können.

Es ist vollkommen egal, welchen Glauben man vertritt, wer die Botschaft des Propheten nicht verstanden hat, kann keinen tieferen Glauben im Herzen verspüren.

Ein Prophet ist nicht anderes als ein Instrument Gottes. Ich kann mit einer Gabel des Essen schöpfen und es anschließend genießen oder kann mit der Gabel auf jemanden zustechen. Was heißt das konkret? Jedes Instrument kann so ausgelegt werden, dass sie gewaltsam angewendet werden kann. Das zeigte uns bereits die Kirchengeschichte mit den Heiligen Kriegen.

Mein Dschihad geht weiter und ich setze mich nach wie vor für die Reformation des Islams ein. Mein Ziel ist diesen Graben zwischen Christen und Muslimen zu schließen. Es braucht Aufklärung und Verständnis dafür, wer die wahren Verursacher dieses Feinbildes sind. Ich lebe nach dem Motto: „Die Freiheitlichkeit der Moderne ist stets dann in Gefahr, wenn die Politik anstelle der Kirche Heilsverheißungen anbieten will."

Danksagung

Einen riesigen Dank an meinem Ex-Partner dafür, dass er in unserer gemeinsamen Beziehung so unglaublich verständnisvoll, unterstützend und vor allem geduldig war. Ich möchte ihm danken, dass er mich stets dazu aufgefordert hat, an mich zu glauben und mir das größte Geschenk machte, nämlich unsere gemeinsame Tochter.

Schließlich danke ich Herr Prof. Dr. Mouhanad Khorchide und Frau Khola Maryam Hübsch, die mich in meinem Glauben gestärkt haben.

Ich danke all den Menschen, die zu diesem Buch durch informelle Rezensionen beigetragen haben. Einen Dank geht selbstverständlich auch an Herr Norbert Burgener, Herr Yannick Andrea, an die Gemeinde Leuk-Stadt sowie an die Gemeinde Walzenhausen und an die unbekannten Fotografen von pixelio.de, die mir ihre Fotos zur Verfügung gestellt haben.

Weitere Bücher von Rita Kuonen

Wallisertiitsch
Wort für Wort
ISBN 978-3-9524123-0-5

Wallis
Schritt für Schritt
ISBN 978-3-9524123-1-2

Gastritis-Ratgeber
Anwendungen zum Aufbau der Magen- und Darmflora

Die Autorin

Rita Kuonen (1977) ist im Wallis aufgewachsen. Sie hat das Nachdiplomstudium in „Transkultureller Kommunikation und Ethik" absolviert. Sie arbeitet als selbstständige Gesundheits- und Sozialberaterin. Ferner ist sie Historikerin, Publizistin sowie Autorin.